痩せという身体の装い

Slimness as an adornment:
Investigation from the perspective
of impression management

鈴木公啓 著　Tomohiro Suzuki

印象管理の視点から

ナカニシヤ出版

まえがき

　現在の日本においては，多くの女性が痩せたいと思い，また，痩せた身体（痩身）を獲得するための行動であるダイエットに取り組んでいる。そして，世の中には，痩せたいという気持ちをかきたてるような情報，商品，サービスがあふれている。あらゆるメディアにおいて，その欲求をかきたてるようなメッセージが流されており，痩せる方法と銘打ったハウツー本も書店の店頭には平積みにされている。また，ダイエット商品の健康被害，テレビ番組におけるダイエット効果実験の結果の捏造，そして，痩せすぎのファッションモデルのファッションショーへの出演禁止といった話題も記憶に新しい。生活習慣病と関連するメタボリック・シンドロームという用語も流行しており，その対策としてダイエットが取り上げられ，健康面からもその関心は高まりつつある。いまや，痩身のためにおこなわれるダイエットは，女性（そして一部の男性）の一大関心事ということができる。「猫も杓子もダイエット」といったところであろうか。

　本書では，痩身を求める欲求である痩身願望，また，痩身を獲得するための行動であるダイエットについて，心理学的に検討をおこない，その得られた知見をまとめることを目的としている。先にも述べたように，日常生活において，いたるところでダイエットに関する事象を目にする。日常会話やメディアでも頻繁に見聞きし，またダイエット商品も様々な場面で目にする。しかし，ダイエットの背景にある心理的機序そのものに焦点をあてた研究は決して多くはない。もちろん，精神医学や臨床心理学の領域において，摂食障害の原因として扱われることはある。また，健康心理学の領域において，肥満の治療方法として扱われることもある。しかし，一般の人々の多くがなぜ痩せようとするのか，そして，ダイエットをおこなうのか，また，そこではどのような心理機序が働いているのかについての研究は多くないのが現状である。

　本書では，痩身と，痩身を達成するための行動であるダイエット（本書では，「痩身希求行動」とする）を，「装い」の一つと位置づけ，さらに，印象管理の

観点から検討する．このことにより，痩身と痩身希求行動の心理的機序が明らかになり，ひいては外見が人々にとってどのような意味を有しているかを明らかにすることができると期待される．

目　次

まえがき　*i*

第Ⅰ部　体型と痩身願望と痩身希求行動 ——————— 1

第 1 章　女性の体型と体型認識に関する先行研究の概観とその問題点
　………………………………………………………………………… 3
　　第 1 節　女性の体型と体型認識　3
　　第 2 節　痩身願望と痩身希求行動　10
　　第 3 節　なぜ痩せようとするのか　16
　　第 4 節　第 1 章のまとめ　20

第 2 章　痩身，装い，そして印象管理 ………………………… 21
　　第 1 節　従来の痩身および痩身希求行動の研究枠組み　21
　　第 2 節　新しいアプローチの提言　24
　　第 3 節　装いとは　24
　　第 4 節　印象管理　32
　　第 5 節　装いと印象管理　37
　　第 6 節　装いとしての痩身　41
　　第 7 節　第 2 章のまとめ　45

第Ⅱ部　装いにおける痩身の位置づけの確認 ——————— 47

第 3 章　装いのなかの痩身の位置づけの検討 ………………… 49
　　第 1 節　問　題　49

第2節　研究1 ―予備調査―　49
　　　第3節　研究1 ―本調査―　50
第4章　痩身の機能の検討 ………………………………………………… 59
　　　第1節　問　　題　59
　　　第2節　研　究　2　62
　　　第3節　研　究　3　65
　　　第4節　ま と め　73
第5章　賞賛獲得・拒否回避欲求と装いの関連 …………………………… 75
　　　第1節　問　　題　75
　　　第2節　研　究　4　76

第Ⅲ部　痩身の印象管理モデル ─────────────── 83

第6章　痩身の印象管理モデルについての概念的検討 ………………… 85
　　　第1節　痩身における対他的機能　85
　　　第2節　印象管理における欲求と効力感　86
　　　第3節　痩身の印象管理モデルにおける欲求と効力感 ―賞賛獲得・
　　　　　　　拒否回避欲求と体型印象管理予期―　87
　　　第4節　痩身の印象管理モデルの構造　89
　　　第5節　第6章のまとめおよび次章以降の実証研究の展開　94
第7章　痩身の印象管理モデルの検証 ―基本モデルの検討― ………… 95
　　　第1節　問　　題　95
　　　第2節　研　究　5　96
　　　第3節　次章以降への展開　103
第8章　痩身の印象管理モデルの精査
　　　　―自尊感情を調整要因とした検討― ……………………………… 105
　　　第1節　問　　題　105
　　　第2節　研　究　6　106

第 9 章　痩身の印象管理モデルの精査
　　　　―他者からの体型の受容を調整要因とした検討―………… 111
　　第 1 節　問　　題　111
　　第 2 節　研　究　7　113
第 10 章　痩身の印象管理モデルの精査
　　　　―対象と場面の影響の検討―……………………………… 123
　　第 1 節　問　　題　123
　　第 2 節　研　究　8 ―予備調査―　125
　　第 3 節　研　究　8 ―本調査―　126

第Ⅳ部　総　　論 ——————————————— 141

第 11 章　ま と め………………………………………………… 143
　　第 1 節　本書の概要　143
　　第 2 節　本書の意義　144
　　第 3 節　本書における研究の問題点　146
　　第 4 節　おわりに　153

引用文献　155
索　　引　167
あとがき　175

第Ⅰ部
体型と痩身願望と痩身希求行動

　痩身と痩身希求行動の心理的機序について検討する前に，まず，実際の体型やその体型への認識，痩身願望，そして，痩身希求行動の現状について確認することにする（第1章）。このことにより，痩身や痩身希求行動の背景にある心理的機序の解明への道筋を作り出すことができると考えられる。

　現代日本には痩身願望が蔓延しているといわれているが，実際のところはどうなのであろうか。日本人女性はその多くが痩身願望を抱かなければならないほど太っているのであろうか。どのように自身の体型を認識し，そして，痩せようと思い，痩身希求行動をおこなっているのであろうか。それらについて，概観をおこない，現状を把握することとする。

　その後，痩身願望と痩身希求行動の心理的機序について，どのような枠組みで扱うかについて検討する（第2章）。痩身は外見の一要素であり，痩せるということは，外見が変わるということである。そして，痩身希求行動は，外見を変化させることを目的とした行為ということができる。つまり，痩身は装いの一つと考えられる。そこで，痩身を装いの一つとし，装いの中に位置づけることを提案する。装いの性質についてまとめ，また，装いの背景にある印象管理というプロセスについての概観をおこない，痩せという身体の装いを印象管理の観点から明らかにするという本論文のテーマへいたる道筋について明確にすることにより，実証研究である第Ⅱ部以降の方向性を示すことにする。

第1章 女性の体型と体型認識に関する先行研究の概観とその問題点

　痩身[1]を求めるこころ，つまり痩身願望について考える際，その時代や文化の「美しさ」の基準がどのようなものであり，また，自身の体型をどのように認識しているかを考慮しないわけにはいかない。そこで，まずは実際の女性の体型と，体型に対する認識についてまとめる。その後，痩身願望と，痩身を達成するためにおこなわれる行動である痩身希求行動の定義や現状について整理する。

第1節　女性の体型と体型認識

痩身をよしとする文化

　痩身をよしとする文化は，比較的最近のものである。歴史的には，近代にいたるまで人々は天災や飢饉，また，疫病等の脅威にさらされており，食べて生き延びることは重要な課題であった。そして，飽食し肥満であることは難しいことであることから，飽食し肥満であることは富の象徴であった。これは現在でも文化によっては残存している。痩せるということを選択するには，人々が空腹や飢餓の恐れがない状況，つまり，社会経済の発展および近代化が必要であった。そのため，痩身をよしとする文化は歴史的には極めて最近のことと言える。

　太ることが難しくそれ故に肥満が賛美された時代とは異なり，現代の日本をはじめとする先進国においては食糧事情は好転し，むしろ痩せることが難しく

1　痩身とは，広辞苑によると「やせた身体」（p.1625）のことであり（新村，2008），あくまでも体型の一状態を示す。痩せるという変化は含まない。誤解を招きやすいので，ここで言及しておく。

なっている。そのため，先進国においては痩身を賛美する文化が見られる。痩身志向は社会・経済発展を背景として生じてきたものであり（野上，1981），痩せへの憧れは現代の先進国に浸透している。それは，西欧だけでなく日本やアジアにおいても同様である。

　日本に痩身志向が入り始めたのは，ツイギーの来日がきっかけとされている（菅原・cocoros研究会，2010）[2]。ツイギーは，ミニスカートのキャンペーンのために来日したファッションモデルであり，「小枝（twiggy）のような体」というたとえがぴったりの身体であったとされている。ちなみに，ツイギーのボディサイズは身長167 cm，バスト75.5 cm，ウエスト55 cm，ヒップ84.5 cmであり，当時，そして現代においても，標準に比べ非常に細い体型であることがわかる。

　それ以降，メディアを媒介とし，日本に痩身をよしとする考え方が広まってきたとされている。横山（1997）は，テレビの普及による「高度メディア文化」により痩身をよしとする文化が広く伝達され，メディアから強力に提供される「やせていることに極めて価値を置く文化」がダイエットに影響していると述べている。週刊誌等の雑誌においては，痩身や痩身希求行動に関した記事，そして，広告が極めて多く掲載されている。テレビにおいても，痩身希求行動の特集，また，痩せると銘打った器具や食品の通信販売の番組が数多く放映されている。痩身を美とする考え方はメディアによって人々の間に深く浸透しているといえる。

　さらに近年は，美しさだけではなく，健康という点からも肥満は問題とされており，一層，痩身や痩身希求行動に注目が集まっている。政府は生活習慣病についての対策を打ち出し，メディアにおいては生活習慣病やメタボリック・シンドロームという言葉が踊っている。アメリカなどでは，肥満が極めて大きな社会的問題となり，場合によっては，自己管理能力の欠如としてみなされることもある。これは，偏見の問題とも関連してくる。いずれにせよ，健康面から肥満を悪とする考え方が広く行き渡ってきた背景もあり，そのため，痩身を

2　本名はレズリー・ホーンビー（Lesley Hornby）であり，その体型からツイギーという愛称が用いられた。

賛美する文化がより強調されているきらいもある。

近年の日本人女性の体型

ツイギーの来日以降，日本には痩身をよしとする文化が形成されてきたとされているが，実際の体型はどのような状態なのであろうか。近年の体型の変化と現状について，いくつかのデータをまとめてみることとする。その際には，近年世界的に使用されている基準であるBMI（Body Mass Index）を軸にまとめる。

BMIは，痩せや肥満の程度を表す指標であり，体重（kg）/身長（m）^{2}で算出される。この値が大きいほど太っていることを示し，逆に，値が小さいほど痩せていることを示している。日本肥満学会の基準（松澤・井上・池田・坂田・斎藤・佐藤・白井・大野・宮崎・徳永・深川・山之内・中村，2000）においては，最も疾病の少なく健康的な値である22がBMIの標準とされている。

数多くの調査によって，近年の若年女性のBMIはこの22よりも低い値であることが示されている。例えば，赤松・大竹・島井（2003）は，大学と短大の1年生および2年生を対象とし，BMIの平均が19.9であると報告している。田中（2004）は大学生を対象とした調査において，その平均BMIは20.39であると報告している。そして，北川・城戸・武安・加藤（1997）は，女子大生を対象とした体重変動等についての時系列調査において，調査開始時のBMIの平均が20.26であったとしている。丸山・伊藤・木地本・今村・土井・田中・阿部・江澤（1993）は，小学生から大学生を対象とした調査において，中学生や高校生はBMIの平均が19台であり，大学2年生は20.6であると報告している。中学生，高校生，短大／大学1，2年生，そして大学3，4年生を対象とした吉岡・吉沢・福田（1997）においては，BMIの平均がそれぞれ19.9, 20.8, 20.7, 20.4であることが示されている。また，近藤（2001）は，小学生（5，6年），中学生，高校生，および短大生・大学生を対象とした調査をおこない，それぞれにおけるBMIの平均値は16.9, 19.3, 20.3, および20.4であると報告している。この他にも，極めて多くの調査において，中学生や高校生のBMIは19台であり，20歳前後においてはBMIが20台半ばであることが示されている。

これらの研究において得られた値は，サンプルが限定されているという問題がある。そこで，より大規模のデータ，具体的には現在の厚生労働省や文部科学省のおこなっている調査結果からBMIの動向を把握することにしたい。なお，省の名前と調査名に関しては，現行のものに統一する。Kiriike, Nagata, Sirata, & Yamamoto（1998）は，厚生労働省の「国民衛生の動向（「厚生の指標」の増刊）」における1960年から1990年までの10年ごとおよび1995年のデータについて，6歳から24歳のデータを対象にまとめており，15～24歳の女性においては，BMIの平均値がその35年間で21.5から20.5へと低下していることを

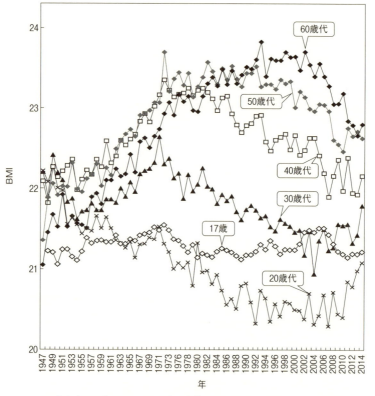

Figure 1　1947年から2014年にかけての日本人女性のBMI（Body Mass Index）の変化（「社会実情データ図録 Honkawa Data Tribune」の「日本人の体格の変化（BMIの推移）」から許可を得て転載。なお，女性のデータのみ転載）

報告している。また，厚生労働省の「国民栄養調査」および文部科学省の「学校保健統計」の1947年から最新の2014年までのデータをまとめた「社会実情データ図録 Honkawa Data Tribune」の「日本人の体格の変化（BMIの推移）」においても（社会実情データ図録 Honkawa Data Tribune，2016），特に20代の女性のBMIが低く，ここ数年は21前後ではあるが，それ以前の数十年間は20.5前後を推移していたことがわかる（Figure 1）。なお，30代と40代の女性も，1970年頃を境にBMIが減少しており，50代と60代の女性も2000年頃を境にBMIが低下している。また，17歳は微妙な増減を繰り返している。

ここで，若年女性のBMIの値が20や21ということがどのくらい特徴的か，国際データとの比較から検討してみたい。日本肥満学会の基準は，あくまでも疾病が少ないという観点から作成されているので，実態としての平均的な体型

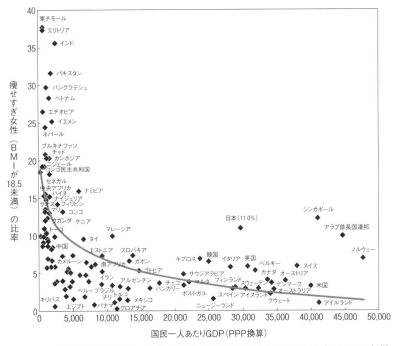

Figure 2　112ヶ国における国民一人あたりGDP（PPP換算）と痩せすぎ女性（BMIが18.5未満）の比率（「社会実情データ図録 Honkawa Data Tribune」の「痩せすぎ女性比率の国際比較」より許可を得て転載）

を示しているわけではない。そのため，基準とされる値の22と異なっていることは不思議ではない。女性の各年代の比較にて20代のBMIが低いといっても，単に他の年代との相対的な位置でしかない。男性との比較も同様である。そこで，同じ相対的な比較とはいえ，少し比較の情報を増やすこととする。

「社会実情データ図録 Honkawa Data Tribune」の「痩せすぎ女性比率の国際比較」においては（社会実情データ図録 Honkawa Data Tribune, 2011），39ヶ国における痩せすぎの女性（BMIが18.5未満の）の比率と国民一人あたり所得（PPP換算したGDP）との関係がまとめられている（Figure 2）。食糧事情の関係もあり，GDPが低い国では，BMIが低い傾向を示している。日本は，112ヶ国の中で30位ではあるが，GDPが高い国においてはシンガポールやアラブ首長国連邦，ノルウェーとともに突出している。もちろん，人種の違いによる骨格の違いもあるため一概に言えないが，これは同じ東アジアである韓国の2倍であることも考慮すると，先進諸国のなかで日本の女性がいかに痩せているかが明らかである。しかし，後述のように，それでも自分の体重に不満を感じ，また，痩せたいと思い，そして痩せるための痩身希求行動をおこなう者は多い。

以上をまとめると，現代の女性の体型は，年々痩せ型になってきており，世界的にみても，極めて痩せている。また，特に，20代など若年層は痩せた体型であり，1980年以降はBMIの値が21もしくはそれ以下を推移している。

このようなBMIの低さは，生物学的要因からは説明が困難である。Figure 1で示されているような，17歳よりも20代の方が痩せているという現象についても，原因を生物学的要因に帰するのは難しい。これらの現象の背景には，生物学的要因以外の要因が存在しているのが明らかである。その主要なものとして，Kiriike et al. (1998) をはじめ，過度な痩身希求行動を挙げるものは多い。

過度な痩身希求行動がおこなわれていることの証左として，摂取カロリーの低下が挙げられる。厚生労働省の「平成26年国民健康・栄養調査報告」によると，20歳代の日本人女性の一日平均のカロリー摂取量は，2014年で1,662 kcalとなっている（厚生労働省，2016）。これは，食糧事情が極度に悪化していた敗戦の年（1945年）の日本国民（男女込み）の一日平均摂取量である1,793 kcal（法政大学大原社会問題研究所，1964）よりも少ない値である。もちろん，GDPを考慮すると，現在の日本において，経済状況が悪くカロリー摂取量が

制限されているわけではないのは明らかである。日本人女性がいかにカロリーを制限しているか，つまり，過度な痩身希求行動をおこなっているかがうかがえる。

体型に対する認識

それでは若年女性は自分の体型についてどのように認識しているのであろうか。これまで，20歳前後を対象とした調査が数多くおこなわれてきた。例えば，平野（2002）は，18歳から19歳の女子学生を対象とし，BMIで痩せ群であっても自分が太っていると認識している者は33.3%，普通であると認識している者は50.0%であり，83.3%が自分の実際の体型より太っていると認識していることを報告している。さらに，普通群に属する者でも太っていると認識する者は81.6%で，実際よりも自分は太めであるとする者が多いと報告している。中尾・高桑（2000）は，女子短大生を対象に調査をおこない，BMIでの痩せと標準と肥満に分類したうえで，その分類と自己の体型に対する「やせている」「少しやせている」「ふつう」「少し太っている」「太っている」の5段階の評価との関連を検討し，やせ群では「ふつう」と評価している者が最も多く46.2%，標準群では「少し太っている」が50.2%，肥満群では「太っている」で84.2%であったとしている。この他にも，大学生や短期大学生等を対象とした調査において，同様の報告が数多くおこなわれている（e.g., 荻布・蓮井・細田・山本, 2006；切池・永田・田中・西脇・竹内・川北, 1988；桑原・栗原, 2003；松浦・小林・飯島・平山, 1988；山口・森田・武田, 2000）。

より低年齢，具体的には小学生や中学生まで対象の範囲を広げた調査もおこなわれている。竹内・早野・神谷・堀・向井・藤波（1991）は，中学生を対象とした調査をおこない，女子で体重を気にしていると答えた者は75.1%，太っていると答えた者は38.5%，スタイルが悪いと答えたものは49.4%であったと報告している。また，近藤（2001）は，小・中・高・短大・大学を対象とした調査において，中学生以上の女子は約半数が「太っている」「やや太っている」と認識しており，また，中学生以上の女子で体型を「普通」とした人のBMIは，平均より1.2～1.3低く，また，体型への正当な評価は年齢が上がるにつれて少なくなり，短・大学生では77.8%が過大評価していたと報告している。このよ

うに，小学生や中学生においても，自分の体型を太っている方向に過大評価していることが明らかにされている。

上述のように，若年女性は，実際には痩せていたり普通の体型であっても太っていると認識している。なお，中井 (1997) は，Eating Disorder Inventory (EDI; Garner, Olmstead, & Polivy, 1983) を使った調査結果について海外との比較をおこない，日本人女性はカナダやアメリカの女性に比べBMIが低いにもかかわらず，身体への不満を測定するEDIの下位尺度である「自己像不満」の得点が高いことを報告している。この他にも，日本人の身体についての意識が特徴的であるという報告が散見される (e.g., 馬場・村山・松井，1981；藤瀬，2001)。ここでは年代別の検討はおこなわれていないが，全般的には日本人女性の体型に対する認識は，他国の女性のそれと異なっており極めて特徴的と言える。

第2節　痩身願望と痩身希求行動

痩身願望の定義および現状

先ほど，体型の認識についてまとめてみたが，それでは，女性はどのような体型を望んでいるのであろうか。ここでは，まず，どのような体型になりたいと考えているのか，従来の研究をまとめたうえで体型と痩身願望の関連について概観する。

痩せたいという気持ちのことを痩身願望 (Drive for Thinness) という。この用語についての明確な定義は数少ないが，例えば，馬場・菅原 (2000) は，痩身願望を「自己の体重を減少させたり，体型をスリム化しようとする欲求で，食事制限，薬物，エステなど様々な痩身行動を動機付ける心理的要因」と定義している。本論文でもこの定義を採用する。

女性がどのような体型を望んでいるかについての調査は数多くおこなわれてきている。大学と短期大学の女子学生を対象とした桑原・栗原 (2003) は，今後どうありたいかという設問に対し，「やせたい」と回答した者が大学生で77.6%，短大生で91.3%と報告している。大学および専門学校の1年生の女子学生を対象とした山口他 (2000) は，痩せ願望を有する者が89.6%存在すると

している。馬場他（1981）は，中学と高校と大学の女子学生のそれぞれ58％，78％，63％の者が，体重がもっと減った方がよいと考えていることを報告している。藤本・池田・森田・宮城（1999）も，女子大学生の理想のBMIは18.4であり，実際のBMIの平均値である20.2よりも低値であることを報告している。同様の報告は数多くおこなわれている。性別の比較が若年層に限られたり，年齢層の比較が女性に限られたりなど，それぞれ比較の際の対象が制限されてはいるものの，いくつかの研究を概観すると（e.g., 阿保・村澤，2000；倉元，2000；近藤，2001），若年女性で特に痩身志向性が強く，そして，多くの調査により8割から9割の若年女性が痩身願望を抱いているといえる。

　実際の体型と痩身願望の関連についての研究も多くおこなわれてきている。上述の研究においては，実際の体型については考慮されていない。実際の体型によって，痩せたいという回答の意味が異なる。例えば，実際に太っている人が痩せたいと回答することは不思議ではない。そこで，実際の体型と痩せ願望の関連についての先行研究をいくつか挙げてみる。中井・佐藤・田村・杉浦・林（2004）は，中学生，高校生，および大学生の女子を対象に調査をおこない，やせすぎ（BMIが18.5以下）なのにやせ願望を有する人はそれぞれ51.0％，52.9％，そして41.0％であり，希望する理想体重は，現在の体重より少ない値であったとしている。また，平野（2002）は，体重を減らしたいとする者は，普通群で93.4％，肥満群で93.3％であり，やせ群でも44.4％の者が望んでいるとしている。そして，理想とするBMIは一部の者をのぞいて現在のBMIよりも低い値であり，現在のBMIの平均が20.7であるのに対し，理想は18.8であるとしている。この他にも，同様の結果が報告されている（e.g., 中尾・高桑，2000；山口他，2000）。

　これらをまとめると，痩せたいという気持ちをもつ者が非常に多いことがわかる。そして，太っている人のみならず，平均的な体型であったり，痩せていたりしても，さらに痩せたいと考えている者が多く存在する。つまり，多くの者が実際の体型にかかわらず痩身願望を有しているといえる。

痩身希求行動の定義と現状

　痩身をめざしておこなわれるのが，所謂ダイエットである。ここではとりあ

えず，一般的な用語であるダイエットという用語を用いて話を進める。「ダイエット（diet）」とは，本来食事療法のことを意味している。そのため，痩せるためのダイエットと太るためのダイエットが存在することになる。それを区別するために，英語においては，痩せるためのダイエットをdiet to lose weightと表現し，そこではdietは単独では使用されず，to lose weightという修飾が必要となる。例えば，Bank of Englishというコーパス[3]に基づいて作成されているCollins Cobuild Advanced Learner's Dictionaryの第8版においては，dietは第一義に"Your diet is the type and range of food that you regularly eat"，第二義に"If a doctor puts someone on a diet, he or she makes them eat a special type or range of foods in order to improve their health"，そして，第三義には，"If you are on a diet, you eat special kinds of food or you eat less food than usual because you are trying to lose weight"，さらに，第四義には，"If you are dieting, you eat special kind of food or you eat less food than usual because you are trying to lose weight"と記載されている（Sinclair, 2014）。また，広辞苑の第6版においては，「（既定食の意）美容・健康保持のために食事の量・種類を制限すること」（p.1671）と定義されている（新村，2008）。このように，本来ダイエットは，必ずしも痩せるためのことのみを意味しているのではなく，太るための食事，もしくはそのための食事療法も意味している。そのため，食事療法ではなく美を目的としたダイエットを示す場合は，Huon & Strong（1998）などのように，"cosmetic dieting"という用語を使用することもある。

　また英語では，ダイエットはあくまでも食事による体重変化を意味しており，運動による体重変化を意味していない。食事ではなく運動によって痩せることをexerciseといい，ダイエットとは区別して使用される。そのため，dieting and exercisingと並べて使用されることも多い（e.g., Wiseman, Gray, Mosimann, & Ahrens, 1992）ちなみに，exerciseの場合，単に痩せるのではなく，体を引き締めたり筋肉をつけることも含まれる。また，競技である

---

[3] 電子化された自然言語の文章から成る巨大なテキストデータのことであり，近年はこれに基づいて辞書が編纂されることが多い。

sportsとは区別されている。

　日本の日常生活においては，単なる辞書的な定義や，英語圏での使用のされかたとは異なり，より広い範囲の行動がダイエットとみなされている。したがって，日本において「ダイエット」を研究で扱う際には，日本の現状に適した，そして，対象とする人々が想定している内容に基づき再定義する必要がある。

　そこで，日本においてダイエットがどのように人々に認識されているかについて扱った調査を概観する。平野（2002）は，女子学生を対象に調査をおこない，ダイエットの意味をどのように捉えているか検討している。そこでは，多くの者が体重を減らすことと捉えており，他にも，カロリーを制限すること，運動量を増やすこと，食事量を減らすこと，食事内容を制限することなどをダイエットの意味としていることを明らかにしている。また，具体的な方法として，食事，運動，その他の3つに分類している。倉元（2000）は，設定した項目の分類から，ダイエットの内容を食事制限派，運動派，特定食品派，その他の4つに分類している。松本・熊野・坂野（1997）は，ダイエット行動は，ゆっくりと体重を減らしていく構造的ダイエットと，急激に体重を減らそうとするような非構造的ダイエットという2つのタイプに分類できるとしている。前者は，甘いものやカロリーの高いものを食べるのをさけたり，食事や間食を減らす，夕食後は何も食べないようにするといった行動である。後者は，低カロリー食品ばかり食べたり，1つの食品を食べ続けたり，痩せるために下剤を使用したり，食事を抜かすといった行動である。そして，雑誌記事・広告等について検討した松浦（2000）は，薬剤・錠剤等を用いたもの，装身具等を用いたもの，食事制限，運動，器具の使用等を組み合わせたプログラムを用いたもの，自然食品等を用いたもの，運動を取り入れたもの，の5つに分類し，藤田（2000）は，摂取カロリーを抑える方法，消費カロリーを高める方法，複合型の3つに分類している。このように，人々は多種多様な方法をダイエットと認識している。また，メディアにおいても同様に多種多様な方法をダイエットとして扱っている。

　それでは，先行研究ではどのようにダイエットを定義しているのであろうか。藤田（2000）は，「『やせる』という言葉には，単に体重を減らすものと，身体を引き締めサイズを小さくするという意味がある。どちらが重視されるかは，

社会的に求められる体型による」と述べ，また，「やせることを軸とし，体の形を社会の美の基準に合わせようとすること」とダイエットを定義している。杉森・菅原（2004）は，「近年では食事制限だけではなく，薬物を用いたり，特定のツボを刺激したり，奇妙な体操をしたり，寄生虫を宿したりなど，体重を落とすための様々な方法が考案されてきた。一般にダイエットと言えば，こうした痩身のための行動全般を指す場合が多い。リンゴダイエット，低インシュリンダイエット，半身浴ダイエット，といった具合である。本章でもこれに倣い，これらの痩身行動全般をダイエットという言葉で表現したいと思う」とし，広辞苑の定義に対し，広い範囲の痩身行動全般をダイエットと表現している。丸山他（1993）は，研究のなかで使用したダイエットという用語について，「この『ダイエット』は対象とした思春期および思春期前後の女子が一般的に用いている広義の減量を行うための方法と定義した。すなわち，減食，運動，欠食，薬剤の使用などを広く含むものとした」と述べている。ダイエットを構造的ダイエットと非構造的ダイエットに分類した松本他（1997）は，「ダイエット行動」を「やせるため，あるいは太らないための方略」と定義し，ダイエット記事や広告の分類をおこなった松浦（2000）は，「なんらかの方法を用いてやせることを目指したウエイトコントロールを指すことにする」と定義している。溝口・松岡・西田（2000）は，辞書的定義と対比させながら，「本来，『ダイエット』とは『食事療法』という意味である。しかし，多くの女性の関心事である『ダイエット』は，『痩せること，あるいは体重を増やさないこと』として用いられていることが多い。『痩せるため，あるいは太らないためにとる行動』として用いる」とし，島田・伊藤（1993）も同様に，「ダイエットは元来は食事療法の意味であり，療痩者が正常範囲まで太るという場合にも当てはまる言葉であるが，学生間で使われるダイエットの語は，痩せるための食事，あるいは痩せるための方法，痩せることの意味でのみ使われている。ここでも学生の日常用語としての意味でダイエットの語を用いる」と述べている。また，健康の観点からダイエットを扱っている中村・任・生田・須田・安江（2005）は，ダイエット行動を単に減量だけに限らない健康行動として位置づけ，「食事制限や運動など，やせるため，身体を引き締めるため，太らないために本人が意識的にとる行動」と定義している。このように，先行研究においては，辞書的定

義にとらわれず現実場面に即した定義がおこなわれている。なお，藤瀬（2001）は，日本と欧米のダイエットの意味するところの差異が，自己体型や理想体型に対する意識の違いに結びついているのではと述べている。

本書においては，ダイエットを「痩身希求行動」としたうえで，従来の定義に準じ「見た目を細くしたり体重を減少させること，もしくは，その細くした体型や減少した体重を維持することを主な目的としておこなわれる行為」と定義する。また，その方法についても，「食事制限や運動，または器具や薬剤など」の広い範囲の行動を含むこととする。つまり，食事制限だけではなく，運動や，purging（下剤の使用や自己誘発生嘔吐等）なども含み，あくまでも対象とする若年女性自身がダイエットと認識している行動を痩身希求行動として扱うこととする。

それでは，若年女性のダイエットの実態はいかなるものであろうか。従来のダイエット行動の研究において，極めて多くの女性がダイエットをおこなっていることが示されている。短大の女子学生を対象に調査をおこなった亀山（松岡）・白木（2001）においては，以前からダイエットに関心がない者は9.0%のみで，現在関心がなくてもダイエットを経験したことがある者は65.9%，現在関心がありダイエット経験もある者は71.0%であると報告している。溝口他（2000）は大学生女子の27.1%が現在ダイエットをおこなっているとしている。西岡・矢崎・岩城・桜井・原田・大澤（1993）は，短大と専門学校の女子学生を対象に調査をおこない，ダイエットを実行した者は53%，実行はしていなくとも関心がある者が33%で，実行も関心もない者が14%しかないと報告している。また，島田・伊藤（1993）は女子短期大学生において，ダイエット経験者が42.2%，実行中が4.7%と，半数近い学生がダイエット経験者であったとしている。高校生と女子短大生を対象に調査をおこなった野口・高橋・岡庭（1999）は，高校生女子で87.6%，女子短大生で88.8%がダイエットに関心をもっており，実行したことがある者は前者で73.4%，後者で68.4%と報告している。18歳から19歳の女子学生を対象に調査をおこなった平野（2002）も，ダイエット経験者は全体の71.9%であるとしている。桑原・栗原（2003）は，大学生と短大生を対象に調査をおこない，現在ダイエットを実施しているものはそれぞれ14.7%，20.6%，と報告している。そして，倉元（2000）は，10代

の高校生，20代の短大生，大学生，社会人，30代以上の社会人を対象に調査をおこない，10代女性は53.1%が，20代女性は62.5%が，30歳以上の女性は16.7%がダイエット経験があるとしている。

　この他にも，多くの実態調査がおこなわれているが，概観すると以下のようにまとめることができる。ダイエットに関心がある者は全体の9割ほど存在し，また，全体の6割ほどが過去にダイエットを経験している。そして，調査時点で実行中の者の割合が全体の約2割程度である。なお，実行中の者の割合については若干ばらつきがあるが，ダイエットは継続することが難しく，半数の者が2週間（片山，1995）や3ヶ月（倉元，2000）という短い期間しか継続していないことに加え，特に実施される時期があることから，いつ調査を実施したのか，その調査時期によって差異が生じているものと考えられる。

　より低年齢層までを対象とした調査もおこなわれており，そこでは，20歳前後以降に比べ若干割合は低いが，ある程度の割合の者がダイエットをおこなった経験があることが示されている。竹内他（1991）は，中学生を対象とし，女子のダイエット経験は48.4%であったとしている。また，近藤（2001）は，ダイエット経験について，小学生5～6年の女子で62.9%，中学生で76.3%，短大・大学生で84.0%であったと報告している。子供においてダイエットは広がっており，健康面からも問題とされている。

第3節　なぜ痩せようとするのか

理由—美容と健康—

　これまで述べてきたように，多くの者が体型に不満をもち，痩せようとしてダイエットをおこなっているが，そもそも，なぜ痩せようとするのであろうか。
　まず，痩せを求める際に美容と健康のどちらを重要視しているかについての研究がある。渡辺・山沢・佐竹・松井・真鍋・上野・大森（1997）は，高校，専門学校，短大，そして，大学の女子学生を対象とした調査をおこない，痩せたいと回答した対象者のうち，57.6%が容姿，40.7%が健康と容姿の両方，また，2%弱が健康をその理由として挙げたとしている。荻布他（2006）は，大学生を対象とした調査において，理想とする体型の利点として，8割を超える者

が「きれいになれる」「好きな服が着られる」と回答しており，6割の「健康になる」を上回っていることを示している。また，野口他（1999）は，大学生を対象に調査をおこない，ダイエットの理由は，1位が「スタイルを良くしたい」，2位が「太めが嫌い」，そして3位が「健康維持」で，圧倒的に健康よりもスタイル優先であったとしている。

　また，ダイエットの理由についての研究からも，痩身を求める理由が読み取れる。桑原・栗原（2003）は，大学生において，ダイエットの理由は「太っていると思った」，ついで「細いほうがきれい」などであるとしている。また，片山（1995）は短期大学生を対象とした調査において，ダイエットを始めた動機は「太ったから・体重増加を知りショックだったから」「理想的な体型に憧れたから」「服を美しく着たいから」の順で回答が多かったとしている。そして，中村（2010）は，大学生女子を対象とした調査において，7割を超える者が，ダイエットの理由として美容を挙げていることを報告している。なお，馬場・菅原（1999）においては，痩身願望が強い者は，美しさやかわいらしさなどの美に関する印象を周りの人に与えたいと思っていることが示されている。

　これらの研究から，日本の若年女性は健康よりも容姿の美さのために痩せようとしており，また，美しく見られるための方法として痩身を意識しているということが示唆される。つまり，「痩せていることは美しい（"Thin is beautiful"）」という考えが浸透しており，美を求めて痩せようとしていると言える。もちろん，肥満が社会的問題になっているアメリカなどでは，健康面が第一に出てくるなど，異なった傾向が示される可能性もある。実際，アメリカの高校生を対象としたPaxton, Wertheim, Gibbons, Szmukler, Hillier, & Petrovich（1991）においては，健康と外見の良さの割合が理由として同程度であることが示されている。

痩身体型によって得られるもの

　痩身という目標達成（痩せること，痩せた体型になること）により何が得られると期待しているのであろうか。もしくは，痩身でない状態により，何が失われると考えているのであろうか。この，体型によって生じる結果についての

予期について扱った研究は数少ないが,そこでは興味深い知見が報告されている[4]。例えば,杉森(1999)は,自由記述および因子分析の結果から,「痩せメリット」として「一次的期待要因」「二次的期待要因」「下半身変化期待要因」「健康期待要因」そして,「賞賛期待要因」の5つを挙げている。また,廣金・木村・南里・米山・齊藤(2001)は,中学の女子学生における痩せたい理由は「洋服をかっこよく着られる」「みにくいから」「ふとっているから」「みんな細いから」「自分に自信をもてる」そして,「自分をきれいにみせたい」などの回答であったとしている。松本・熊野・坂野・野添(2001)は,自由記述のデータを基に,体型や食事に関する信念尺度(Beliefs related to Shape and Diet Scale:BSDS)を作成し,「自己評価の信念」という自己評価に関連した因子,「承認の信念」という他者からの承認に関する因子,他に,「ダイエットの信念」や「体重の信念」など6つの因子を抽出している。

それでは,これらの意識と痩身願望やダイエットにはどのような関連があるのであろうか。馬場・菅原(2000)は,体型に関する「メリット感」が直接に痩身願望と関連していること,そして,「メリット感」が「デメリット感」と痩身願望を媒介していることを示している。浦上・小島・沢宮・坂野(2009)も同様の内容を扱い,「メリット感」が直接的に,「デメリット感」が直接・間接的に痩身願望に関連していることを示している。羽鳥(1999)は女子大学生を対象とし,4つの痩身に対する「メリット意識(自己価値の確認,ファッション,対人関係,身体変化)」を扱い,身体変化がファッションと対人関係を経由し自己価値の確認に影響を与え,それが痩身願望へと影響するというモデルを提示している。また,自己価値の確認に関するデメリット意識も痩身願望に関連していたとしている。なお,杉森・菅原(2004)は,メリット意識についての羽鳥(1999)のモデルをまとめなおし,「小顔」「スリムな胴」そして「細い手足」は「身体面のメリット」に,「ファッション性の向上」と「対人関係の向上」は「生活面のメリット」に,自己価値の確認は「精神面のメリット」にまとめ,「身体面のメリット」が「生活面のメリット」に影響し,さら

---

[4] 先行研究では「痩せメリット」や「痩身に対するメリット意識」などの用語で表現されている。各先行研究の紹介においては,そこで使用された用語を用いる。概念的には類似したものである。

に「精神面のメリット」に影響するといったモデルを提示している。

　他には，理由や動機といった観点からの検討（McArthur & Howard, 2001; 西岡他, 1993），そして，それ以外の様々な観点からの検討（e.g., Paxton et al., 1991; Sabiston & Crocker, 2005; Santoncini, Garcia, & Peresmitre, 2006; Spangler & Stice, 2001）がおこなわれている。

　痩身ではなくダイエットの利益や損失について扱った研究もある。なお，ここで扱っている内容は，あくまでもダイエットをおこなうこと自体の利益や損失である。例えば損失の場合は，好きなものを食べられないなどの内容であり，いまの体型による損失ではない。O'Connell & Velicer（1988）は，健康行動の枠組みであるtranstheoretical model（TTM；e.g., Prochaska & DiClemente, 1992）に基づいた，ステージごとの意思決定バランスの検討をおこなっている。そこでは，減量をおこなうことによる利益（Pros）と損失（Cons）を尋ねるための質問紙であるDecisional Balance Inventory（DBI）の作成をおこない，減量の段階との関連を検討している。結果，減量の行動変容段階が進むにしたがい，利益は高くなり，損失は低くなることを明らかにしている。また，赤松他（2003）も，DBIの日本語版を作成し，同様の検討をおこなっている。そして，無関心期，関心期，準備期，および実行期の差異を検討した結果, O'Connell & Velicer（1988）と同様に，そのステージにより利益と損失の程度が異なることを明らかにしている。他にも，同様の観点からの研究が行われている（e.g., Allen, Thombs, Mahoney, & Daniel, 1993; Silberstein, Striegel-Moore, Timko, & Rodin, 1988）。

　以上のように，痩身やダイエットについてのベネフィットやコスト認知については，いくつかの研究において多様な側面から扱われている。今後，体型によって生じる結果についての予期について扱う際には，目的に即した内容で扱う必要がある。そのため，改めて内容の収集と精査が必要となろう。内容を幅広く，そして適切に扱う必要がある。

第4節　第1章のまとめ

　これまで述べてきたように，日本人女性の多くは自分の体型に不満をもち，また，さらに痩せたいと思い，そして，痩せるために痩身希求行動をおこなっている。他国の人に比べて痩せた体型を有しているのにもかかわらずその傾向があり，極めて特徴的と言える。また，これらの特徴は若年女性のみならず，より若い子供にまで見受けられる。痩せるための努力により，若年女性の体型は痩せを推移しBMIは低いが，それでもさらに痩身を望んでいる。そして，そこには，痩身を美とする考えが背景にあり，また，体型によって生じる結果についての予期が存在し意識されている。

　ところが，痩身や痩身希求行動についての研究はこれまで十分におこなわれてきたとは言い難い。本章で述べてきたような，体型への認識や痩身希求行動の経験などの単純かつ記述的な研究は多い。しかし，そのような研究では，痩身や痩身希求行動の背景にどのような心理的機序が働いているのかについての知見を供さない。多くの人が有している痩身願望，そして，多くの人がおこなっている痩身希求行動の背景にある心理的機序の解明には，あらたな観点からの検討がおこなわれる必要がある。

第2章 痩身，装い，そして印象管理

　第1章で述べたように，痩せをよしとする考えは世の中に浸透しており，痩せを達成することを目的とした行動である痩身希求行動も広くおこなわれている。痩身，ひいては痩身願望および痩身希求行動の心理的機序について明らかにしていくうえでは，どのような枠組みから検討を進めていくかが重要と言える。

第1節　従来の痩身および痩身希求行動の研究枠組み

　痩身や痩身希求行動については，社会心理学以外の領域において数多くの研究がおこなわれてきている。保健学や栄養学等の領域では，主に記述的な研究がおこなわれている。体型の分類とその割合，体型の満足度の割合，体型に対する不満の程度，痩身希求行動の経験率，実施されている痩身希求行動の種類，そして，何kg痩せたいと思っているか，などについての記述である。また，それらをクロスさせ，その関連について検討した研究（e.g., 馬場他，1981；藤本他，1999；平野，2002；亀山（松岡）・白木，2001；片山，1995；近藤，2001；倉元，2000；桑原・栗原2003；松浦他，1988；中尾・高桑，2000；野口他，1999；島田・伊藤，1993；山口他，2000）も数多くおこなわれてきている。しかし，このような研究では，なぜ痩身を求めるのか，また，そこにはどのような心理的機序が働いているかについて明らかにすることは難しい。なお，松浦（2000）は，健康的な文脈から「正しく」体型を認識させるということを主眼においてきた従来の記述的な研究は誤りであったと述べている。

　摂食障害や食行動異常の発症要因としての研究も極めて多い。これは，臨床心理学や精神医学の領域で多くおこなわれている。実際，痩身願望や痩身希求

行動についての研究の多くはこの領域の雑誌に掲載されている[5]。症例研究や調査研究により，痩身希求行動が摂食障害の危険因子の一つであるとする研究は多い（e.g., 稲沼，1999；金子・熊代・青野，1990；切池・金子・池永・永田・山上，1998；中井・夏井・岡野，1999；中村・森・佐藤・曽根・高岡，1995； 野添，1999；Rojo, Livianos, Conesa, Garcia, Dominguez, Rodrigo, Sanjuan, & Vila, 2003；高萩・金子・熊代・青野，1990）。また，摂食障害に関連した食行動異常の発症要因とする研究も多い（Killen, Taylor, Hayward, Wilson, Haydel, Hammer, Simmonds, Robinson, Litt, Varady, & Kraemer, 1994; McFarlane, Polivy, & McCabe, 1999; Stice, & Agras, 1998; Stice, Presnell, & Spangler, 2002; Striegel-Moore, Silberstein, Frensch, & Rodin, 1989）。そのため，痩身希求行動と摂食障害の連続性についての検討もおこなわれている（e.g., Franko & Omori, 1999；鈴木，2007）。

しかし，痩身願望は日本の現代女性においては一般的な社会風潮であり（中井，1996），痩身希求行動が極めて一般的におこなわれており，また，痩身希求行動をおこなう者すべてが摂食障害になったり，食行動異常を呈したりするわけではない。つまり，痩身希求行動は極めて一般的な行動であり必ずしも病的なものではない。このことを考えると，少なくとも，一般的に広くおこなわれてきている痩身希求行動と摂食障害や食行動異常などの病理との連続性が不明である現状においては，痩身希求行動を摂食障害や食行動異常の発症要因として位置づけた研究によって得られた知見は，必ずしも一般女性の痩身願望や痩身希求行動の背景機序にそのまま適用できるとは限らず，限界があると考えられる。実際，以前は，摂食障害との関連から，痩身希求行動や痩身願望の背景にある要因として成熟拒否や女性性の拒否，母子関係などが挙げられることがあったが，そのような古典的な摂食障害研究で言及されてきた要因が，現代の一般女性における痩身願望や痩身希求行動の関連要因になるとは限らないことが示されている（e.g., 馬場・菅原，2000）。

健康面から，肥満解決手段としての痩身希求行動の維持メカニズムの解明と

---

[5] 例として，International Journal of Eating Disorders, Journal of Abnormal Psychology, Behaviour Research and Therapyなどが挙げられる。

いう観点からの研究もおこなわれてきている。そこでは主に，transtheoretical model（Prochaska & DiClemente, 1992）に基づき痩身希求行動の段階に着目した研究（e.g., 赤松他, 2003; O'Connell & Velicer, 1988; Prochaska & Velicer, 1997; Prochaska, Velicer, Rossi, Goldstein, Marcus, Rakowski, Fiore, Harlow, Redding, Rosenbloom, & Rossi, 1994）がおこなわれている。また，より治療に密接したプログラムの手続きや効果などについての研究もおこなわれている（e.g., Cooper, Fairburn, & Hawker, 2003）。これらは健康心理学や医学などの領域でおこなわれているが，基本的には肥満者の肥満という問題を解決するという健康面からの検討であり，必ずしも肥満とは限らない多くの一般女性の痩身や痩身希求行動の心理的機序について扱っているわけではない。そのため，そこで得られた知見が一般女性のそれに適用可能とは限らない。

　他には，フェミニズムの立場からの研究もおこなわれている。例えば，浅野（1996）などが挙げられる。この立場からの研究は，社会システムを加害者とし，また，異性である男性の影響を強調しすぎるきらいもあり，痩身の一側面しか扱いえてないと思われる。シルエット図などを使って理想とする体重や体型について検討した研究において，女性は男性が魅力的と思う体型よりもより痩せた体型を魅力的とし，また，理想としていることが明らかになっている（e.g., Fallon & Rozin, 1985；鈴木, 2014；竹内他, 1991）。つまり，女性は異性である男性よりもむしろ同性である女性の目を意識している。女性雑誌の分析をおこなった藤田（2000）は，「社会の美の基準とは，男性の視線に基づくものと，女性自身が理想とする美の基準という二つが存在するといえる」と述べ，男性の目だけでなく，女性自身の目もその背景にあるとしている。つまり，必ずしも異性の目だけが重要な要因とはいえず，このことから，フェミニズムの観点からの検討も，一面的にしか現象を捉えておらず，限界があると言える。

　このように，痩身や痩身希求行動について，従来から様々なアプローチによる研究がおこなわれてきているが，それぞれにおいて限界が見受けられる。先述のように，これまでの観点による検討では，明らかにしうる範囲が限定されている。そのため，単に測定方法を変えただけの研究が積み重ねられることも多く，機序解明は歩みをほとんど進めていないと言っても過言ではない。多くの一般女性が痩身願望を有している現状において，痩身や痩身希求行動の背景

にある心理的機序の解明には，上述のアプローチのみの検討では限界があると言わざるをえなく，他の観点からの研究が必要である。その際，より普遍的な観点からの検討が有用と言える。

第2節　新しいアプローチの提言

　ここで，痩身の基本的な性質について振り返ってみたい。基本的な性質について立ち返り考察することは大切である。まず，痩身は体型の状態であり直接的に外見と関連している。また，痩せるということは，外見が変化するということであり，痩身希求行動は，外見を変化させることを目的とした行動である。このように，外見変化がキーワードとして挙げられる。そして外見変化とは装いの特徴である。そのため，痩身や痩身希求行動を装いの枠組みで検討することが可能と考えられる。

　そこで，本書では，外見の変化もしくはそのための行為である装いの一つとして痩身を扱うことを提案し，その枠組みで検討をおこなうこととする。痩身は，装いと同様に，外見の変化の一つであり，痩身希求行動は痩身を達成するためにおこなわれる方法の一つと考えることができる。この装いという枠組みに基づいて痩身を扱い検討することは，痩身や痩身希求行動の背景にある心理的機序について，これまで得られなかった有用な知見を提供することが期待される。そこで，まず装いについてまとめたうえで，その後，痩身が装いのなかでどのような位置づけを有しているのか，また，装いとしてどのような心理的機能や効用を有しているのかについて検討する。

第3節　装いとは

装いの概念と形態の分類

　「装い」は，外観を変化させることを意味する。同様の内容を意味する専門用語には，「化粧」や「身体装飾」などがある[6]。また，装いと類似したより一般的な用語として，外見，服装，着装，装飾，被服，衣服，そして，衣装などがある。それぞれ若干意味が異なっている。化粧という語が所謂化粧だけで

なく,その他の外見を変えるための行動全般を含むこともある。同様に,被服という用語も,広い範囲で使用されている。このように,多くの用語が重複した範囲の内容を意味し,また,使用されている。しかし,日常生活においては,化粧や被服という用語は,それぞれ限定された意味で使用されることの方が多い。広い範囲の外見変化,およびそのための行動,そして,外見が変化した状態を包括して示したいという理由から,ここでは,まずは暫定的に「装い」を用いることにする。

装いには,様々な内容が含まれており,外観変化のためのあらゆることが含まれる (cf., Demello, 2007；石田,2000；石井,2003)。そして,その性質から,大きく身体装飾と身体変工に分類することができる。身体装飾とは,化粧品による化粧(狭義の化粧),衣服による着装,アクセサリーなどによる装飾など,身体に一時的におこなう装飾により外見を変化させるものである。一方,身体変工とは,整髪・染髪,そして,ダイエッティング(ダイエットをすること)やボディビルディング,ピアッシング,文身(タトゥーなど),美容整形,リップディスク(唇にはめた皿),そして首輪により引き伸ばされた首などが含まれる。これらは,身体に直接に手を加える装いであり,基本的には永続的に外見を変化させるものである。なお,身体変工は広義の身体装飾に含まれる。

文化人類学などの分野においては,このような分類がなされてきたが,家政学など他の分野ではまた異なった分類もおこなわれてきた。例えば,Flügel (1930) は,装飾の形態を身体的と外部的の2つに分類している。また,Kaiser (1985) は,一時的−永続的,そして,身体的−外部的,の2つの軸から,装飾の形態を,一時的・身体的装飾(化粧),一時的・外部的装飾(衣服やアクセサリー),永続的・身体的装飾(タトゥー,ピアスや纏足),そして,永続的・外部的装飾(該当する装いは無し),の4つに分類している。山崎 (1955) は化粧を,「ぬり=第一化粧」「かざり=第二化粧」「傷つけ=第三化粧」「美容整形=第四化粧」「教養美=第五化粧」のように,段階的に分類している。この分類において山崎 (1955) は「化粧」という言葉を使用しているが,化粧

前ページ6　装いを意味する用語として,英語では"adornment"(もしくは,"body adornment")が用いられることが多い。ただし,"dress"という用語を用いることを提唱している研究者 (Roach-Higgins & Eicher, 1992) もいる。

に限定されない装い全体の分類ということが可能である。なお，第五化粧は精神的なものであるが，第一化粧から第四化粧までは物理的なものであり，第一化粧と第二化粧が一時的装い，そして，第三化粧と第四化粧が永続的装いといえる。これらは，段階が進むにつれて手軽に達成できるものではなくなる。ともあれ，装いはいくつかの分類が可能であり，少なくとも物理的な装いの形態に関しては，一時的・外部的，一時的・身体的，そして，永続的・身体的，の3つの分類が可能と考えられる。

このような多種多様の内容を含む装いであるが，装いという語のこれまでの定義を確認しておく。高木（2001）は「装い」を「身体の外観を変えるために用いるすべてのものやそのための行為」(p.63)と定義している。神山（1994）は，「服（被服 clothing）」を広義に解釈して，「身体をおおい，装飾するすべてのもの，あるいは，身体の外見を変えるために使用するすべてのもの，の意味で用いている。したがって『服』には，身体各部をおおい包むものをはじめ，かぶりもの，はきもの，ヘア・スタイル，かつら，ひげ，化粧，アクセサリー，入れ墨などが含まれる」(p.215)としているが，高木（2001）のそれと同じものを意味していると考えられる。なお，石井（2003）は，加工後に簡単に元に戻るものを化粧と呼び，刺青や美容整形などは化粧ではなく身体加工と言い切った方がよいと述べ，化粧を限定した内容で使用している。しかし，そこでいう身体加工は，広義の装いに含むことができると考えられる。

ところで，一般的には，「装い」といった場合，外観を「変えるためのもの」によって「変えること」のみならず，その行為によって変化した外観変化後の「状態」のことも意味する。たとえば，化粧をおこなった状態，アクセサリーやピアスを身につけた状態，体型を変化させた状態，タトゥーを入れた状態なども「装い」が意味するところとなる。新明解国語辞典（山田・柴田・酒井・倉持・山田・上野・井島・笹原，2012）などの辞典においては，「装い」が，身なりなど状態や様子も示すものとして定義されている[7]。また，日常生活においても，「装い」は状態や様子を示すものとして使用される。そこで，本書

---

[7] なお，広辞苑第6版（新村，2008）における「よそおい【装い】」の2つ目の定義は，「外観や身なりなどを美しく飾り整えること。装飾。装束」(p.2904)となっている。

でも，変化した結果としての状態も含めて意味することとする。

以上の様々な定義などを踏まえたうえで，本書では，「装い」を，「身体の外観を変えたり整えたりするために用いるすべてのものや手段，行為，およびその結果としての状態」と定義して用いていくこととする[8]。

装いと流行

装いは文化によって基準とされるものが異なっており，また，流行というものも存在する。そして，それに同時に，何を美しいと感じるかについても，その文化や時代で異なっている。纏足や瘢痕文身などは，特定の文化にしか存在しない。これらは，その文化の中では美しいと判断される一方，他の文化から見ると美しいと判断されないかもしれない。リップディスクや引き伸ばされた首も同様である。より身近なところでも，文化差は見受けられる。例えば，時代や年代で若干の差異はあるとはいえ基本的には肌が白いことを良しとする日本のような文化もあれば，日焼けしているのを良しとするような文化も存在する。また，ある時代には美しいとされたものが後の時代にはそのようにみなされないことも多い。つまり流行が存在する。現代日本においても，シーズンごとに流行とされる装いはめまぐるしく変化している。ある時代には「かっこいい」「かわいい」とされた装いが，半年もすれば流行遅れとされ，「かっこわるい」などと評価されるようになる。装いに見られる流行については，様々な観点からの説明が試みられている（see Kaiser, 1985, for review）。

装いの性質―心理的機能と効用―

ここでは，装いの機能や効用についての分類について概観する。なお，心理的機能だけではなく，社会的機能や身体保護機能なども存在するが，それらについてはここでは簡単に言及するにとどめる。

8　なお，本書では取り上げないが，身体以外にも装飾はおこなわれる。対象は鞄や小物類，車や家など多岐にわたる。そのため，広義の装いとしては，「身体や物体の外観を変えたり整えたりするために用いるすべてのものや手段，行為，およびその結果としての状態」という定義となろう。ただし，本書ではあくまでも身体の装いについて扱うことから，本文内記載の定義にて進めることとする。

はじめに，装いの心理的機能について述べる。装いの機能については，神山（1996）による分類がよく用いられている。神山（1996）は，「人間の装いとは，被服を用いて外見を装飾し（かざり），整容し（ととのえ），また変身させる（ふりをする）ことである」としたうえで，その装飾，整容，変身といういずれの行動に関しても，3つの社会・心理的機能が区別できるとしている。第1は「自己の確認・強化・変容」であり，自己顕示欲を充足させるためにおしゃれをしたり，極端に女性らしい装いをしてイメージチェンジをはかるような場合の機能である。第2は「情報伝達」であり，変装などにより他者に特定のメッセージを発信したり，外見から相手の人物の人間性を評価するような場合の機能である。第3は「社会的相互作用の促進・抑制」であり，自分とよく似た装いの人物と親交をもち，逆に自分とは異質な装いの人物と距離をおくような，相手との相互作用を調整するような場合に働く機能である[9]。

次に，効用という観点からの分類を挙げることとする。これは，心理的機能に対応し，心理的機能が十分に働いた際に生じる結果のことである。人々は，この効用を認知し，そして，その効用を求めて装いをおこなっていると言える。飽戸（1982）は，「仮説や俗説，憶測は巷に氾濫しているが，実際に化粧をしている女性がどのように考えてどのような化粧をしているかについて実証的に研究をおこなっているものは極めて少ない」（p.85）とし，化粧意識と化粧行動，およびパーソナリティと属性の関連についての検討をおこなっている。そして，化粧意識の因子分析結果から，主要なものは2つであり，1つ目は「自己満足因子」，2つ目は「個性化・競争因子」であることが明らかになったとしている。「自己満足因子」には，化粧すること自体の楽しさや気分の変化だけでなく，自信をもってふるまえるなどが含まれている。「個性化・競争因子」には，同性である女性からきれいに思われたい，男性からもてたい，さらに，競争や目立つためといった内容が含まれている。そして，飽戸（1982）は，「競争の目標は異性だけでなく，同性がかなりのウェイトを占めているということは重要であろう」（p.90）と述べている。

---

9 これらの3つの機能は，相互に関連し合っており，また，明確に分類できない場合もあると考えられる。

それに対し松井・山本・岩男（1983）は，飽戸（1982）が扱っていたものが，化粧への態度や効用意識より消費意識に重点がおかれていたとし，新たに化粧の心理的効用について検討をおこなっている。そこでは，13の効用を仮定し，これらを「化粧中の満足」「対人的効用」「心の健康」の3つに大別している。「化粧中の満足」には，創造の楽しみなどが含まれており，飽戸（1982）の「自己満足因子」と重なる部分がある。「対人的効用」には，同性や異性への魅力度の上昇や，周囲への同調などが含まれている。これは，飽戸（1982）の「個性化・競争因子」と重なる部分があろう。「心の健康」には，自信や自己充足感が含まれている。これは，飽戸（1982）の「自己満足因子」と重なる部分もある。

　他にも，心理的効用についての検討がなされている。神山（2003）は，被服や外見は，様々な社会・心理的効果をとおして，自己表現や対人行動をうながし，また，個人の自信や自己充足感といった精神的健康に大きく貢献していると述べている。大坊（1997）は，化粧のプロセスには，自分に対するルートと他者との関係を目指すルートの2つがあるとし，「化粧は普段意識している以上に『自分のため』と『社会的調和』とが連続的な関係にある」と述べている。尾田・橋本・柏尾・土肥（2003）は，おしゃれには他者に対する自己呈示的なものと自分らしさにこだわり自己の内面的に満足をもたらすものがあり，これらは概念上異なるものとして捉えうるとし，前者を外面的おしゃれ，後者を内面的おしゃれと呼んでいる。また，藤原（1987）は，「個々人にとって，自己概念，とくに理想的な自己概念を目指したイメージをもつ被服を着用することは他者との好ましいコミュニケーションが起こるばかりでなく，自分自身との内々のコミュニケーションが起こることを意味する。つまり，その被服のもっている意味が他者に伝達されるだけでなく，自分自身にも伝達され，着用者にとって自己概念の補強になる」（p.598）と述べている。

　従来の研究においては，使用されている用語の定義が十分におこなわれておらず，その示す内容が明確でない部分もあるが，概観すると，少なくとも，装いには，主に，「対自的機能」と「対他的機能」という心理的な2つの働きがあると言えよう。

　対自的機能とは，装いの結果を自分の目を通して認知することによって生じ

る働きであり，自信が向上したり，自己充足感が生じたり，また，それによって積極的行動をおこなうようになるなどの効用を生じさせる。これは，神山（1996）のいう「自己の確認・強化・変容」の機能や大坊（1997）のいう自分に対するルートと対応しており，また，松井他（1983）の「心の健康」や飽戸（1982）の「自己満足因子」といった心理的効用と対応していると考えられる。

対他的機能とは，装いの結果を他者の目を通して他者が認知することによって生じる働きであり，同性や異性から魅力的と評価されるなどの効用を生じさせる。神山（1996）による「情報伝達」や「社会的相互作用の促進・抑制」，また，大坊（1997）のいう他者との関係を目指すルートと対応しており，松井他（1983）の「対人的効用」や飽戸（1982）の「個性化・競争因子」といった心理的効用と対応していると考えられる。

このように，装いの心理的機能には対自的機能と対他的機能の2つの柱がある。そして，それらの機能が働いた結果として，それぞれに対応する装いの効用が生じる。人々は，その効用を意識的，または無意識的に期待し，そして，装うことによりその効用を得ていると言える。

なお，対自的機能の働きの結果として，気分的・生理的変化といった効用も存在する。化粧により不安が低減したり自信や満足度が高まるだけでなく，気分の変化や生理的なレベルでの変化が生じることが知られている。気分の変化としては，飽戸（1982）の「自己満足因子」や松井他（1983）の「化粧中の満足」などがそれにあたる。なお，生理的なレベルとして，例えば，化粧により音声の基本周波数にも違いが生じることが明らかになっている（余語・浜・津田・鈴木・互，1990）。つまり，化粧行為そのものが，情動を快の方向へ導く。気分的変化や生理的変化に関しては，化粧を扱って検討した研究が多いが，化粧に限らず他の装いによっても，その変化が生じることが知られている。

上述の心理的な働きの他に，社会的機能と身体保護機能なども存在する。社会的機能は，装いによって，所属する集団を自他に認識させたり，身分や立場をあらわす働きである。例えば，現在ではユニフォームにその意味を見出すことが可能である。また，日本では以前，涅歯（所謂お歯黒）が，未婚か既婚かを示すものとして用いられていたこともある。このように，社会を円滑に機能

させるために，装いの社会的機能が用いられている。身体保護機能は身体を外部の刺激から守る働きである。化粧や衣服の使用はそもそも皮膚の保護という目的でおこなわれだしたという側面もある（e.g., Kligman, 1985）。アイメイクは日差しから目を保護し，また，虫による伝染病を防ぐという効用があったといわれている。涅歯は，虫歯を防ぐという効用があったとされている。現代においても，装いには身体保護という働きがある（Kaiser, 1985）。雪山に短パンとTシャツで行く人はいないであろう。また，強い日差しの下では帽子をかぶったりするであろう。このように，装いには身体を保護するという機能が存在する。

これまで述べてきたように，装いには様々な機能があり，その中の心理的機能としては対自的機能と対他的機能が大きな柱となる。これらはそれぞれ独立して働いているものの，相互に影響し合っているとも考えられる。

ところで，社会に所属するためには装いの他者の目を通した働き，つまり対他的機能が重要であり[10]，その背景には印象管理（Arkin, 1981; Leary & Kowalski, 1990; Schlenker, 2005）というプロセスが存在する。Kaiser（1985）は，被服にはその象徴性から印象管理という過程があると述べている。また，大坊（1992）も，ブランド選択とパーソナリティの関連についての検討をおこない，「『装う』ことは他者に対する印象管理という意味を含めて自己の表出の一つであり，その前提として自尊心の保持や向上に関わるプロセスが介在している」（p.91）と述べ，また，「『装う』ことは，社会的な適応を図るために取られる自己呈示的行動として捉えることが可能である」（p.105）としている。そして，Leary & Miller（2000）は，「望ましい印象を伝えるために，服や髪型，メイクを選んだりして，外見を伝える」（p.162）と述べている。このように，

---

[10] ソシオメーター理論（Leary, Tambor, Terdal, & Downs, 1995; Leary, & Baumeister, 2000）によれば，自尊感情は他者からの受容や拒絶のシグナルであり，他者の評価が自己の評価に先立つとされている。また，Baumeister & Leary（1995）によると，人類の基本的な特徴は集団への依存性であり，社会や集団へ所属しようとする生得的欲求があるとされている。この欲求を所属の欲求（need to belong）と言う。社会に所属することは，様々な点でベネフィットがあるため，人々は社会に所属しようとする。そして，社会に所属するためには，他者からの肯定的な評価がかかせない。この所属の欲求と他者に受け入れられる際に外見という要因が重要な働きを有していることをあわせて考慮すると，社会に所属するには装いの対他的機能が十分に働くことが重要であると言える。

人は，他者にどのように見られているかを気にし，さらに，他者が抱く印象に影響を与えようとして装っているということが可能である。

第4節　印象管理

印象管理の定義およびその性質

　我々は日常生活において，他者に対して様々な印象を抱く。それは，言語的なものに限らず，外見やしぐさなどの非言語的なものの影響も受けている。人々は，この言語的，そして非言語的情報を手がかりにして，他者についての印象を形成する。この過程は印象形成（impression formation）と言われている。

　一方，我々は日常において，言語的・非言語的手がかりを利用して，他者に特定の印象を与えようとする。他者に特定の印象を与えようとすることは，自己呈示（self-presentation），または，印象管理（操作）（impression management）と言われている[11]。Arkin（1981）は「印象管理という用語は，自己像伝達と他者との相互作用文脈のプロセスを個人が計画し，採用し，実行する方法についての言及である」（p.311）としている。Leary & Kowalski（1990）は，自己呈示とは，人々が他者の形成する印象をモニターし管理しようとする試みによるプロセスであるとしている。印象管理をとおして，人々は，人，集団，物，出来事や理念などに対する聴衆の抱く印象を形成しようとする（Schlenker, 2005）。つまり，人は，自分に対して相手が肯定的なイメージを抱くように，もしくは，否定的なイメージを抱かないように行動を調整しており，このような人の心の中に組み込まれている自己制御装置の一つが印象管理なのである。そして，印象管理は，自分を他者から受け入れられる状態にすること（承認）を役割としている（菅原，2004）。

　印象管理は，虚飾や欺瞞などの否定的なイメージと結びつきがちとされているが，Leary & Kowalski（1990）なども述べているように，印象管理は必ずしも悪いことではなく，操作性，虚栄，不確実性を反映しているというわけではない。そして，適当に他者への印象に注意を払うことは，健全で適応的である。また，安藤（1994）が述べるように，人との相互作用の中に自然に生じるものであり，良いとか悪いとかいうものではない。菅原（2004）も，「虚栄

や欺瞞も印象管理の一部である。しかし，印象管理は能力の低さや人格的な欠点を隠蔽することばかりが仕事ではない。所属集団から非難されそうな自己中心的な行動を慎んだり，他者を不快にさせないよう話題を選んだりすることも一つの印象管理である。(中略)さらに，自分が本来もっている能力を上司に理解してもらえるよう効果的なプレゼンテーションに努めることは，決して他者を欺く行為とは言えない」(p.11)とし，印象管理が決して他者を欺く悪い行為とは言えないとしている。

　印象管理には，いくつかの過程があり，また，いくつかの機能があるとされている。印象管理には2つの別個の過程があるとされているが，一つは自分に対して他者がもつ印象をコントロールしようと人々を動機づける過程(印象動機づけ過程；impression motivation)であり，もう一つはどのようなイメージを伝えるかの決定に関わる過程(印象構築過程；impression construction)である(Leary & Kowalski, 1990)。また，印象管理には3つの機能があるとされている。1つ目は報酬の獲得と損失の回避，2つ目は自尊心の維持，高揚，3つ目はアイデンティティの確立である(Leary & Kowalski, 1990)。この他

前ページ11　自己呈示は印象管理と呼ばれることもあるが(Leary, 1983)，これらの用語は，同時併用もしくは混合して論述され，明確に区別せずに使用している研究者も存在する(栗林, 1995)。そのようなことから，Tedeschi & Norman (1985)のように，これらの用語を互換的に使用して記述することを付記することもある。
　なお，本研究では，印象管理という語を主に使用することとする。安藤(1994)は，自己呈示には，自分以外の対象・事象に影響を与えようとして情報をコントロールすることもあり，そのような場合には「自己」呈示よりも印象操作という言葉を使う方が適切と述べている。長田(1994)も，自己呈示は直接に自己についての情報を伝えることなくおこなわれることがあるとして印象操作との差異について述べている。なお，有斐閣の心理学辞典においては，印象操作(＝印象管理)は「特定の人間，組織，事象に対して他者が抱く印象を操作ないし制御しようとする目標志向的行動。(中略)自己呈示と同義に用いられる場合もあるが，印象を操作する対象が自己以外にも想定されている点で，自己呈示よりも包括的な概念である。印象操作という語は，本心とは異なる自己を見せて他者を欺くような側面が強調されるきらいがあるが，近年の研究では，対人行動における基本的な過程としてこれを捉える傾向がある(後略)」(安藤, 1999)と定義されている。このように，self-presentationとimpression managementは，印象をコントロールするのが自己に限定されるかされないかの違いがある。本論文では，装いの枠組みで検討すること，そして，装いが必ずしも自分の印象をコントロールする場合のみに限られないこと(親が子供の服を選ぶ時や姉が妹の化粧手直しを手伝う時，など)から，「印象管理」という語を使用することとする。なお，他の研究を引用する際には，自己呈示や印象操作という語を互換的に使用する場合もある。

に，その方略の分類などがおこなわれている。

印象管理の目的―承認―

　印象管理はポジティブな結果を獲得することを目的としておこなわれるものと，ネガティブな結果を回避することを目的としておこなわれるものの2つに分けることが可能である。Leary & Kowalski（1990）は，印象管理の3つの機能の1つに，報酬の獲得と損失の回避を挙げている。また，Arkin（1981）は，自己呈示を目的という観点から，「獲得的（acquisitive）」と「防衛的（protective）」の2つに分類，対比し，前者を他者からの承認を得るための自己呈示行動，後者を他者からの批難を回避するための自己呈示行動としている。泉本（1984）は，自己呈示の構造モデルの作成の試みのなかで，呈示者が自己に注目した時，肯定的側面に注意を向けるか，それとも否定的側面へ向けるかという「自己の注意」の軸と，他者の視点に立ってみた時に，自己が肯定的に見えるか，否定的に見えるかという「他者から自己へ向けられる注意への関心」という軸，さらに，独自の「演技」という軸を設定し，構造モデルが円錐形であらわされるとしている。そして，Arkin（1981）の2種類の自己呈示のスタイルに対し，このモデルの2軸で捉えることができるとしている。また，菅原（2004）は，我々の心のなかには「自己制御装置」が組み込まれており，その一つである「印象管理」の役割は「自分を他者から受け入れられる状態にすること」であるとし，印象管理は他者からのプラスの評価を獲得することとマイナスの評価を回避することが課題であるとしている。このような，他者から承認されることについての欲求を感じるほど，印象管理への動機づけは高くなる（Leary & Miller, 2000）。

　人は他者の印象を管理することにより受け入れられようとして様々な行動をおこなう。その目的を達成しようとする欲求（承認欲求）は，その目的に対応し2つの側面を有している。その2つの欲求とは，他者からの肯定的な評価の獲得への欲求（賞賛獲得欲求）と否定的評価を避けようとする欲求（拒否回避欲求）である（菅原，2004）。これらは，印象管理におけるポジティブな結果の獲得とネガティブな結果の回避という2つの目的（e.g., Arkin, 1981；菅原，2004）にそれぞれ対応している。

菅原（1986）や小島・太田・菅原（2003）によって，賞賛獲得欲求と拒否回避欲求のそれぞれの欲求を測定する尺度の開発がおこなわれ，それらの性質についての検討がなされてきた。そして，それらの研究をもとに，承認欲求の2側面と様々な事象との関連を検討した研究が数多くおこなわれてきた。例えば，シャイネスや対人不安などとの関連について検討したもの（飯田・鈴木・清水，2005；菅原，1998；笹川・猪口，2012；佐々木・菅原・丹野，2001），痩身願望や装いとの関連について検討したもの（馬場・菅原，2000；浦上・小島・沢宮，2013；浦上・小島・沢宮・坂野，2009；鈴木・菅原・西池・藤本，2014；鈴木・菅原・完甘・五藤，2010）などがある。また，その他の広い範囲にわたる他の事象との関連についても検討がなされている（e.g., 本田・鈴木, 2008；小島，2011；小島・太田，2009；太田・小島，2004；定廣・望月，2011；齊藤・藤井，2009）。これらの研究において，印象管理を目的とした欲求である承認欲求は，様々な事象と関連していることが確認されている。そして，この賞賛獲得欲求と拒否回避欲求の両者が異なる性質を有していることが，多くの研究によって明らかにされている。

印象管理と対象および場面

　印象管理はすべての相手に対して同様におこなわれるわけではない（Leary & Miller, 2000）。相手によって示したい自己イメージは異なっており（福島，1996），印象管理の内容や程度なども対象により異なってくる。Leary & Miller（2000）は，一般に，人は親密な友人に伝える印象よりもそれほど親密でない他者に伝える印象に関心があり，また，異性関係は同性関係よりも価値があるために同性よりも異性に望ましい印象を与えることに関心があるとしている。Leary（1983）は，対人不安についての自己呈示理論の説明のなかで，異性は価値ある社会的報酬を与える地位におり，また，異性関係における成功は，周りに自分の社会的価値を示すことになるため，異性に良い印象を与えようと動機づけられているとしている。Guerrero（1997）は，同性友人と異性友人，そして，恋人に対するノンバーバルコミュニケーションの差異の検討のなかで，異性友人に対する印象管理の関心が，同性友人や恋人に対するそれよりも大きいことを明らかにしている。Leary, Nezlek, Downs, Radford-

Davenport, Martin, & McMullen (1994a) は，大学生を対象に，日常生活における相互作用を記録してもらい，取り入りなどの主要な自己呈示においては，同性で親密度が高い相手に対してほど自己呈示の動機が低いこと，また，印象モニタリングでも同様のパターンが見られることを明らかにしている。そして，魅力的に受け取られたいという動機においては，親密度にかかわらず同性の方が低いことも明らかにしている。さらに，親密度が高い相手のみを抜き出して検討したところ，扱った自己呈示すべてにおいて，同性は親密度が高くなるほど自己呈示が低まり，異性は親密度が低くなるほど自己呈示が高まるとしている。また，印象管理がその背景にあるとされている羞恥心においても，他者の親密さによってその羞恥心の程度が異なることが明らかになっており，心理的距離が近いほど自己イメージの損傷度は大きく，また，心理的距離が中程度である所謂半知り[12]の相手に対して最も羞恥心を感じる（佐々木・菅原・丹野，2005）とされている。さらに，異性との親密な関係における自己呈示動機について検討した谷口・大坊（2005）は，女性では異性友人よりも恋人に対しての自己呈示動機が高く，その背景にあるメカニズムが異なっていることを明らかにしている。このように，印象を与える他者との親密さや性別によって，印象管理のおこなわれる程度，また，印象管理によって生じる感情の程度などが異なる。

　さらに，対人状況によって，対人不安を高める自己呈示要因が異なっていること（万代，2004）も知られている。場面によって，印象管理に関わる諸要因の関連の仕方が異なってくることを考慮すると，場面による違いについて，より積極的に検討を進めることも必要であろう。

12　よく知っているわけでもなく，かといって，まったくの他人でもないという関係のこと。対人不安やあがり，また，自己意識感情などの文脈でしばしば出てくる。

第5節　装いと印象管理

装いと他者の目

　装いは他者から見られる自己への意識，つまり公的自己意識との関連が見られると想定される。ボディイメージは公的自己意識と関連しており(e.g., 枡田・牛田・永野，1992)，身体が他者からの評価にさらされているという意識があることが確認されている。これは，装いについても同様である。田中(1999)は，他者の視線を意識すること，そして他者の意識が最も向けられやすいと思われる自己の容姿を意識することが，女性が着る服にこだわったりおしゃれをしたりする原動力になると述べている。さらに，女性が自分の容姿や服装にこだわる理由として，他者から見られるということが非常に大きく，また，重要だとしている。実際，Miller & Cox（1982）は，自己意識と化粧の関係について検討し，公的自己意識が自己報告された化粧使用と関連することを示している。さらに，公的自己意識が，化粧が外見を良くして社会的相互作用がよりスムーズになるという信念とも関連していることを明らかにしている。平松・牛田（2003）も，女性において，公的自己意識が化粧の関心・行動と関連していることを示している。また，Leary, Saltzman, & Georgeson（1997）は，外見が魅力的であると知覚されることを強く望む人（外見動機づけが高い人）について，「他者が外見をどのように見なしているかについて非常に考えをめぐらし，そして，外見を整えるのに努力し，外見に欠陥があると気づくと，怒ったり，不安になったり抑うつになったりする」と述べている。このような傾向は，必ずしも特定の人にのみ当てはまるわけではない。まったく外見を気にしない人はほとんど存在しないであろう[13]。

　なお，人は外見の魅力が高い人に対してより肯定的に評価することが，古くから知られている。有名なものに，Walster, Aronson, Abrahams, & Rottman

---

13　会社にパジャマで出勤する人はいないであろうし，営業に無精ヒゲのまま行く人はほとんどいないであろう。また，結婚式に短パンとTシャツで出席する人も普通はいないであろう。これらは極端な例ではあるが，人は基本的に，外見について意識して生活を営んでいる。もし，まったく気にしないとしたら，そこには何かしらの問題が存在する可能性がある。

(1966) のコンピュータ・ダンスの実験がある。そこでは、自分の魅力に関係なく、相手が魅力的であるほど、好意を感じ、また、デートにさそいたいと希望することが明らかになっている。また、Dion, Berscheid, & Walster (1972) によって、美人は社会的に望ましいパーソナリティを有すると捉えられ、恋人や配偶者、職業的地位の対象としても肯定的に評価されることが示されている。松井・山本 (1985) も、写真を用いた調査において、美しさが好意度やデートの相手としての選択に影響していることを明らかにしている。この他にも、条件や内容によって異なるとはいえ、外見が良いほど様々なベネフィットがあることが示されている (e.g., Eagly, Ashmore, Makhijani, & Longo, 1991; Feingold, 1992)。そのため、美は社会的地位の一つである (Webster & Driskell, 1983) とも言われている。また、一種の資本である (Hakim, 2011) とも言われている。

そして、外見の魅力を高めるものとして化粧が用いられる。Graham & Jouhar (1980) は、外見の魅力についてレビューをおこない外見の重要性とその効果をまとめているが、そこでは、化粧は外見的魅力の中心的部分であるとしている。また、Graham & Jouhar (1981) は、化粧により同性や異性からの評価が向上するとしている。この他にも多くの研究により、化粧により外見的魅力が高まることが示されている。

装いと印象管理

外見や装いは、印象管理と関連している。先述のように、外見が良いほど良い評価を得られるため、人々は外見を良い方向へと変化させようとする。つまり、日常生活において、装いによる印象管理がおこなわれている。大坊 (1997) は、「容貌をはじめ外見の特徴は魅力の主要因であり、それを文化規範やそれぞれの意図によって印象管理することが化粧であり、服飾である」(p.26) と述べ、装いは印象管理というプロセスを内在していることを述べている。また、ブランド選択行動は、一種の自己呈示ないし印象管理の意図をもつと捉えることができるとしている。さらに、化粧の2つの意味として、「変身する」ことと「粧う」ことを挙げ、その基本的動機に承認欲求があること、そして、印象操作の側面が大きいことを述べ、装いの背景には印象管理というメカニズムが

あることを示唆している。Kaiser（1985）は，被服が対人関係においてもつ重要性はその象徴性にあるとし，それは他者に情報を伝達するための手段を提供することであり（着装者の側から見れば，望ましい印象を他者に伝えるという点で有用性をもつ），その過程が印象操作であるとしている。そして，社会的相互作用を通じて他者に伝達される外見に関連した印象を統制するということを意味していると述べている。

外見が他者からの評価に影響を与えることは経験的にも知られており，また，先述のように，魅力的であると他者から肯定的に評価されることが様々な調査や実験によって示されていることを考えると，他者からの評価の向上を目的として装いが用いられることに不思議はない。人々は魅力的な人を肯定的に評価するため，魅力的に見られるよう，もしくは，魅力的でないと見られないように気を使い（Leary, Tchividjian, & Kraxberger, 1994b），外見を魅力的にしようとしていると言える。また，魅力的な印象を他者に有してもらうために装いをおこなう（Leary & Miller, 2000）。なお，装いによる印象管理（大坊，1997；西川，1996）がうまくいっている場合は，対他的機能が十分に働いていることになる。

このように，装いと印象管理の関連については多くの研究者が言及しているが，その直接的な関連についての実証的研究は決して多いとは言えない。いくつかの研究において両者に関連があることが示されているが，極めて限定されている。例えば，Leary & Jones（1993）は，日焼けと日焼け止めの使用に関連する様々な個人要因，具体的には，自己意識や身体意識，自尊感情や皮膚ガンや日焼け止めについての知識，健康についてのローカス・オブ・コントロールとの関連について検討している。結果，日焼けによって外見が向上するという信念が，日焼けに一番関連していることが明らかになっている。また，Leary et al.（1997）は，外見動機づけと日焼けの関連について，強迫傾向という個人特性も考慮したうえで検討をおこなっている。そこでは，外見動機づけが高く強迫傾向が強いほど日焼けを重要視し，また，日焼けに関連する行動を取り，外見動機づけが低く強迫傾向が高いほど日焼けを重要視せず，日焼けに関連する行動をとらないということが明らかになったとしている。この後者の結果に対し，Leary et al.（1997）は，文化的理想を強迫的に避けようとし

ているのではと考察しているが，前者に関しては十分な考察がなされていない。また，外見動機づけ（主に外見の重要度）は外見全般的な内容となっており，日焼けに直接関連したものではない。そのため，少なくとも外見動機づけは日焼けになんらかの形で関連しているとはいえ，その関連性について十分に明らかになっているとは言い難い。

ところで，装いによる印象管理の際の他者については，どのような対象に対してでも外見への評価を同様に意識しているのであろうか。言い換えると，その対象の性別や親しさによって外見を意識する程度は異なり，そして行動も異なってくるのであろうか。実は，このことについても今のところ十分には明らかになっていない。一般的に異性関係は同性関係よりも価値があるために，同性よりも異性に望ましい印象を与えることに関心があるとされている（Leary & Miller, 2000）。また，親密度という点では，人は親密な友人に伝える印象よりも，それほど親密でない他者に伝える印象に関心があるとされている（Leary & Miller, 2000）。また，より親密度が高い同性に対しては，魅力的に受け取られたいという自己呈示の動機は低いこと（Leary et al., 1994a）が報告されている。これらを考慮すると，装いにおいても同様に，対象の性別や親しさによる違いが生じている可能性はある。

その点についての研究は，ごくわずかに行われているだけである。Daly, Hogg, Sacks, Smith, & Zimring（1983）は，社会的状況において人々に使われる印象管理方略としての身だしなみについて検討し，相手の親密度によってその程度が異なることを明らかにしている。彼らは，レストランやバーのトイレでの身だしなみの時間を計り，その後，インタビューにより関係性を尋ねて分類し，それらの関連を検討している。結果，男性よりも女性の方が身だしなみにかける時間が長く，また，男性でも女性でも，相手と親しいほど身だしなみにかける時間が短いことを明らかにしている（結婚しているか親密な友人に対してが最も時間が短い）。谷口（2007）も，対象により化粧品の使用度等が異なることを示している。しかし，これらの研究を除き，装いの印象管理における対象による差異については，ほとんど検討されていない状況にある。同じく印象管理によって説明されることが多い対人不安などに比べると，装いの心理的機序については，モデル化もなされていない状態にある。

なお，印象管理という枠組みで考える場合，場面という要因も重要である。体型は化粧や衣服による装いと異なり，場面毎に手軽に変化させることは不可能である。基本的には，体型は比較的長い期間安定している。そのため，言語や化粧などの装いと異なり，体型はその性質上，呈示する場面や相手により短期的に変化させて印象管理をおこなうことは難しい。痩身という装いが達成されるには，比較的長い間の痩身希求行動の積み重ねが必要であり，それは，日々の痩身願望によって維持されているといえる。そして，そこには，印象管理に関わる諸要因の存在とその働きが想定される。つまり，痩身による装いは，印象管理に関わる諸要因による短期的なプロセスの積み重ねによって維持された長期的なプロセスの結果として生じるものと言える。この点で，従来の印象管理の研究の多くで扱われてきた内容と性質が異なっているといえる[14]。

第6節　装いとしての痩身

装いのなかの痩身

改めて体型について考えてみると，外観の構成要素の一つである体型を変化させることも，装いの一つとみなすことが可能である。例えば，痩せた体型をめざしておこなわれるダイエッティング（ダイエットすること）も，引き締めた健康的な体型をめざすエクササイジングも，そして，鍛え上げた体型をめざすボディビルディングも，装いの一つである。また装いが状態や様子も示すという点では，外観の一状態である痩身体型も，引き締まった体型も，筋肉が隆起した体型も，装いの一つということになる。痩身希求行動も，外観の一つである体型を痩身の方向へ変化させるための行動であり，装いの一つとみなすことができる。そして，痩身希求行動の結果であり外観の一状態である痩身体型（つまり「痩身」）も，装いの一つということになる。

装いは文化や時代によって基準が異なるが，痩身も同様の性質を有している。社会経済の発展および近代化により食の心配がなくなる前は，むしろ太ってい

14　印象管理の枠組みにおける実証研究は，基本的には短期的なものについてがほとんどであり，長期的なものはほぼ扱われていない。

ることが美しいものとみなされていた。しかし，現在の日本や欧米諸国のように，むしろ食を節制する方が努力が必要とされて，痩身が貴重とされる状況では，痩せていることが美の基準となる。所謂"Thin is beautiful"である。このように，時代的な違いが認められるが，さらに，文化的な差異も認められる。同じ現代であっても，日本や欧米諸国では痩せていることがもてはやされるが，発展途上国においては，ふくよかであることがあこがれとされている[15]。そのような文化では，太っているということが富だけではなく健康であるということをも示している。このように，時代や文化によって何が良しとされ美しいと判断されるか，また，採用されるかが異なっており，流行が見られる点でも痩身は装いと同様であると言える。

　それでは，痩身は装いのなかでどのような位置づけを有しているのであろうか。形態の点で，痩身そして痩身希求行動は，外部的装いではなく身体的装いに分類することができる。身につけて簡単に取り外せる衣服やアクセサリーとは異なり，タトゥーや美容整形のように，身体に直接変化を加えている。また，従来の一時的な装いにも永続的な装いにも分類することができない。体型は，衣服や化粧のように日常の短い時間にて変化させることは難しい。しかし，体型が変化したとしても，再度元の状態に戻ることも多い。つまり，タトゥーや美容整形のように，遡及不可能な装いではない。前述のように，Kaiser（1985）は，一時的-永続的，そして，身体的-外部的の2つの軸から，装飾の形態を4つに分類しているが，装いの特徴を考慮すると，痩身はKaiser（1985）の分類の一時的・身体的，と永続的・身体的の中間に位置し，他の装いとは異なる独特の位置づけを有していると考えられる（Figure 3）。

　これまで，種々の装いとともに，痩身や痩身希求行動の位置づけや性質についても考察されていたが（Demello, 2007；石田，2000；石井，2003），概念レベルでの検討のみであり，装いの枠組みで実証的に痩身や痩身希求行動の位置づけを検討した研究は見当たらない。しかし，どのように位置づけられるかについて他の装いとの関連から明らかにすることは，痩身を装いという枠組み

---

15 アフリカ西部の国モーリタニアでは，太っていることがよしとされ，太らせるために無理矢理食べ物を食べさせるという習慣がある。ちなみに，近年，太っていることは健康の観点から好ましくないとの理由により，政府が注意を出している。

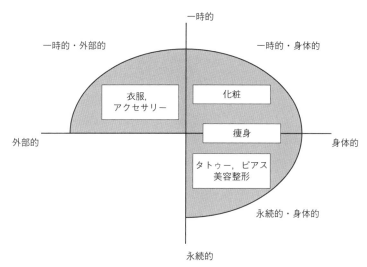

Figure 3　Kaiser（1985）の概念的な分類を基にした，各装いの形態の位置づけ

で論じていくことの可能性を示し，ひいては，痩身の心理的機能の解明に寄与すると考えられる。装いは，時代や文化，また性別にかかわらず，基本的にすべての人間が行う普遍的なものであり，装いという観点からの痩身や痩身希求行動についての検討は，これまでにない知見を導き出す可能性がある。

体型に対する他者からの評価と印象管理

　先述のように，容姿と他者からの評価との密接な関連が示されているが，痩せを美とする現代の社会においては，痩身と他者からの評価にも関連があるといえる。痩身を美とする社会においては，痩身により他者から肯定的な評価を得ることができると人々が認識することはある意味当然のことである。実際，女性はすれ違う人に対してさえも痩せたらきれいだと思われるというメリット意識を有しており（羽鳥，1999），親密度が低い対象からの評価も含め人々からの評価を意識している。そのため，体型についての他者からの評価に敏感になるのもあたりまえのことと言えよう。体型についてのネガティブなフィードバックが，ネガティブな心理的影響を生じさせることも示されている（Mills & Miller, 2007）。

ともあれ，人々は自身の体型（痩せているか太っているか），そして，体型について他者からどのように評価されているかについて意識しており，その評価が自己に大きな影響力を有している。人々は体型について意識しているために，体型に対する他者の評価にも敏感になっており，また，痩せによって他者から肯定的な評価を得られると認識していると言える。

そのため，他者から肯定的な評価を得るために痩身を求めることは不思議なことではない。Allen et al.（1993）は，社会的学習理論の枠組みから，青年期のダイエットについて検討している。そこでは，ポジティブ期待とネガティブ期待の2つを扱っているが，それらはダイエットの頻度と関連し，また，ポジティブ期待のうち社会的承認が，ダイエットの頻度と特に関連していることを明らかにしている。Kiyotani & Yokoyama（2006）は，承認欲求，アレキシサイミア，そしてダイエットなどの関連について検討をおこない，承認欲求はダイエットや食へのとらわれと関連していると報告している。Mukai, Kambara, & Sasaki（1998）は，日本人とアメリカ人を対象に，身体不満やダイエット，社会的承認欲求を比較し，日本人はアメリカ人よりも，身体不満を感じ，承認欲求が強く，さらに，日本人においてのみダイエットや食へのとらわれと承認欲求が関連していることを明らかにしている。田中（2003）は，「痩せて美しくなることは他者からより高い評価を引き出すための重要な要因の1つであると考えられる」（p.259）と述べ，さらに，「痩身によって身体的魅力を高めることには，他者に与える自己イメージや印象を操作するといった自己呈示的な側面があるように思われる」（p.259）と述べているが，このように，痩身で他者に肯定的なイメージを与えることにより他者からの承認を得ようと動機づけられているといえる。しかし，痩身および痩身希求行動と，他者からの評価やその動機との関連について検討した研究は，ほとんどおこなわれていない。このような現状において，その心理的機序の解明には，印象管理という視点からの検討が有用と考えられる。

痩身および痩身希求行動と印象管理の関連についての研究はほとんどおこなわれていないが，エクササイズと印象管理の関連については研究が進められている。Leary（1992）は，定期的なエクササイズにより，体が引き締められ健康的に見えるようになり，外見を良くすることができるため，魅力的になりた

いと動機づけられた人はエクササイズをおこなうとし，エクササイズの印象管理の動機づけについてまとめている。Hausenblas, Brewer, & Van Raalte（2004）やMartin Ginis, Lindwall, & Prapavessis（2007）も，体型不安との関係も含め，エクササイズと印象管理の関連についてまとめている。しかし，これらにおいては，あくまでもエクササイズをおこなうこと自体の呈示やエクササイズのパフォーマンスについて扱っており，痩せた体型そのものや痩身願望と印象管理の関連について扱っているわけではない。エクササイズについて印象管理の観点から扱った研究は他にもあるが（e.g., Gammage, Hall, & Ginis, 2004），そこでも，エクササイズで目的としている体型，つまり，引き締まっている体型自体による印象管理についての検討はなされていない。もちろん，痩身希求行動の場合も，その行為をおこなうこと自体の印象管理が存在すると考えられるが，本書では，あくまでも痩身であることによる印象管理に焦点をあてて検討していく。

第7節　第2章のまとめ

　これまで概観したように，痩身は装いの一つとして考えることが可能である。痩身はその性質から，一時的装いと永続的装いの中間という独特な位置づけを有していると考えられる。また，装いの一つであるならば，他の装いと同様の機能を有していると考えられる。
　痩身を装いのなかに位置づけ，実証的に検証した研究は見受けられない。また，化粧，着装，タトゥーなどについては，その機能や効用，また，心理的機序などについて，装いの枠組みによる検討がなされているが，装いと印象管理との関連についての研究は数少ない。痩身と印象管理の関連については，研究がわずかにおこなわれているものの，それらの研究は散発的で，体系化されておらず，また，扱っている指標も印象管理の観点からの説明という点では不十分なものが多い。さらに，痩身について装いという性質を考慮したうえでの心理的機序の検討は行われていない。装いの枠組みから痩身について検討することは，従来の研究では扱われてこなかった観点からのアプローチであり，痩身そして痩身希求行動を装いの枠組みで検討することにより，自己像を肯定的に

構築したり，他者に肯定的な印象を与えるなどの後述するような他の装いに見られる働きを見出しうる可能性がある。それは，病理や社会システムといった従来の枠組みによる検討では，十分に見出せなかった働きである。装いの枠組みによる検討により，痩身を求める心理的機序について，今までのアプローチでは得られなかった新たな知見がもたらされる可能性がある。

　装いの枠組みで検討する際に有用と考えられるのが，印象管理という観点からの検討である。痩身が装いの一つであるとすると，痩身にも装いと同様の機能があると考えられる。つまり，痩身には，対自的機能と対他的機能という2つの心理的機能が存在すると考えられる。体型と自尊感情や自己肯定感との関連なども数多く示されており (e.g., DuBois, Felner, Brand, Phillips, & Lease, 1996；鈴木・伊藤，2001)，対自的機能についての検討も重要ではあるが，本書では，対他的機能の部分に焦点をあてて，痩身の心理的機序について検討していく。痩身には他者からの評価への懸念という要因が関連しており，また，他者からの承認といった印象管理と関連する内容との関連も示唆されている (e.g., Kiyotani & Yokoyama, 2006；Mukai et al., 1998，田中，2003)。しかし，痩身願望および痩身希求行動と承認欲求の関連について検討した研究は，ほとんどおこなわれていない。このような現状において，その心理的機序の解明には，印象管理という視点からの検討が有用と考えられる。

　以上，本書においては大きく次の2点について検討する。まず，痩身を装いのなかに位置づけられることを確認し，痩身が装いの枠組みで検討可能であることを示す（第II部）。そのうえで，装いの対他的機能の背景にあるプロセスである印象管理の観点から，痩身についての心理的モデルを構築し検討する（第III部）。これらの検討を通し，痩身と印象管理について，装いの枠組みの中で明確にする。

第 II 部

装いにおける痩身の位置づけの確認

　第2章で述べたように，痩身はその性質から，装いの一つと考えることができる。そして，痩身を装いの一つとして扱うことにより，痩身の背景にある心理的機序の解明についての道筋を作ることができると考えられる。そこで，第II部では，痩身を装いの枠組みで実証的に検討することを試み，その性質について明らかにする。具体的には，痩身が装いのなかでどのように位置づけられるのか，そして，痩身が他の装いと同様の機能や特徴を有しているのかについて検討をおこなう。

　痩身および痩身希求行動について装いの枠組みで検討することは極めて有用であると考えられる。前述のように，従来の研究の多くは，単なる記述的な研究か，摂食障害や食行動異常の原因として扱う研究か，肥満の治療方法として扱う研究か，または，社会システムによる犠牲の結果という観点からの研究であり，どれも，一般女性の痩身や痩身希求行動の背景にある心理的機序の解明に十分に寄与しているとは言い難い。このような状況において，本書では，痩身と痩身希求行動について新たな枠組みからのアプローチを提案し，それによる検討をおこなう。本書にて，痩身を装いとして扱うことが可能であること，そして，そのアプローチからの検討が有用であることを示すことができれば，痩身についての新たな知見が得られるだけでなく，装い研究にも寄与すると考えられる。

そこで第Ⅱ部では，痩身を装いの枠組みで検討することを試み，その性質について明確にすることを目的とする。まず，装いにおける痩身の位置づけについて，いくつかの側面から，想定される位置づけが可能であるか検討する（第3章）。次に，痩身の機能が他の装いのそれと同様であるかについて検討する（第4章）。そして，装いに関連すると想定される承認に関わる要因との関連性から，痩身が装いの一つであることを検討する（第5章）。これらの試みをとおし，痩身や痩身希求行動を装いとして位置づけ，そして，装いの対他的機能と関連する印象管理の枠組みで扱うことが可能か否か確認する。

　装いの位置づけにおいて，痩身は，独特な位置づけを有していると考えられる。Flügel（1930）やKaiser（1985）らによる形態についての概念的な分類において，痩身の性質を考慮すると，痩身は，身体的装いであり，また，一時的と外部的の中間に位置すると考えられる（see, Figure 3, p.43）。

　また，痩身の機能についてであるが，痩身が装いの一つであるならば，他の装いと同様の機能を有していると考えられる。つまり，心理的機能の対自的機能と対他的機能，そして，他の機能も有していると言える。これらの機能を痩身が有しているかについて確認する。

　さらに，痩身が装いの一つであることを確認するために，痩身を含むいくつかの装いの行動と，承認に関わる要因との関連についての検討をおこなう。先述のとおり，装いの背景には印象管理というプロセスが存在する。そのため，装いは承認に関わる欲求と関連していると考えられ，また，痩身も同様と想定される。しかし，その承認の欲求と装いとの関連についての実証的研究はほとんど見られない。そこで，承認に関する欲求である賞賛獲得・拒否回避欲求と痩身の関連について，他の装いと比較しつつ検討し，痩身が装いの一つであることを確認する。

第3章 装いのなかの痩身の位置づけの検討

第1節 問　　題

　痩身が装いのなかでどのような位置づけにあるのかについて検討することを目的とする。装いは，一時的 - 永続的，と，身体的 - 外部的の2つの軸により，一時的・外部的，一時的・身体的，そして永続的・身体的の3つに分類できると考えられている。痩身の性質を考慮すると，痩身は身体的装いであり，また，一時的と外部的の中間に位置すると考えられる。この位置づけについて，(1)興味と経験，そして，(2)イメージの2つの側面について，他の装いとの位置づけの比較から検討する。なお，興味と経験を扱う際は行動のレベルについて扱うため，イメージについてもそれにあわせて，痩身ではなく行動レベルである痩身希求行動について扱うこととする。

　このことにより，概念的にしか言及されてこなかった装いにおける痩身の位置づけについて（Demello, 2007；石田，2000；石井，2003），実証的に明らかにすることが可能になると期待される。さらに，他の装いの布置についても確認する契機になると考えられる。

第2節　研究1──予備調査──

目　　的

　ここでは，本調査で使用する各装いについてのイメージを測定するための項目の収集を目的とする。

方　法

対　象　大学生20名，大学院生12名，女子短期大学生33名の計65名（内訳として男性13名，女性52名，平均年齢20.2歳，標準偏差2.35）を対象とした。

調　査　票　「化粧」「アクセサリー（ネックレスや指輪など。ピアスは除く）」「ピアス」「刺青（タトゥー）」「衣服（服装のおしゃれ）」「ダイエット（美容整形による脂肪吸引を除く）」「エステ」「プチ整形（メスを使わない手軽な整形）」そして「美容整形（メスなどを使う）」の各装いを提示し，それらに対してのイメージを自由記述にて回答を求めた。また同時に，上記以外に思いつく装いを挙げてもらい，そのイメージに対する記述も求めた。

時　期　2004年6月に実施した。

実施方法　上記の調査票を講義中に集団で施行し，その場で回答・回収をおこなった。一部は講義外の時間に調査票を個別に配布し，その場で回収をおこなった。倫理的な配慮をおこない，同意を得た者のみを対象として実施した。

結果および考察

得られたイメージに対して，複数の大学院生と協議をおこない，項目の精選をおこなった。内容の重なりや適切さを考慮し，最終的に15項目を抽出した。その後，表現の修正などをおこない，本調査で使用するイメージ項目を作成した。作成した15項目は，「かわいい」「高価な」「恐い」「おしゃれな」「痛い」「派手な」「ごまかしの」「女らしい」「流行の」「楽しい」「面倒な」「気分転換の」「あたりまえの」「きれいな」そして，「手軽な」である。これらのイメージ項目は，装いのイメージを測定するのに有用であると判断し，本調査へと進むこととした。

第3節　研究1―本調査―

目　的

痩身が装いのなかでどのような位置づけにあるのかを明らかにすることを目的とする。痩身は身体的装いであり，また，一時的と外部的の中間に位置すると考えられる。本研究では，行動レベルである痩身希求行動を扱うが，この位

置づけについて，「興味と経験」，そして，「イメージ」の2つの側面から，他の装いの位置づけとの比較により検討する。

方　法

対　　象　関東圏の私立大学の女子学生36名，女子大学の女子学生18名，女子短期大学生70名，および看護学校の女子学生64名の計188名を対象とした。無効回答を含む7名を除いた181名（内訳として大学生女子35名，女子大学生25名，女子短期大学生67名，看護学校生61名，平均年齢19.7歳，標準偏差3.57）のデータを以降の分析に用いた。

調査票　予備調査で対象とした装いに対して，複数の大学院生と協議をおこない修正を加えた。最終的に使用した装いは，「化粧（メイク）」「アクセサリー（ピアスは除く）」「ピアス」「刺青（いれずみ・タトゥー）」「（おしゃれとしての）衣服」「ダイエット（エステや美容整形は除く）」，そして，「美容整形」，の7つである。(a) 装いの興味・経験：各装いの興味と経験について，「0．興味が無い」「1．興味はあるが経験は無い」および「2．経験がある」の選択肢に対して回答を求めた。(b) イメージ項目：予備調査で収集し作成した15項目を使用した。項目は，「かわいい」「高価な」「恐い」「おしゃれな」「痛い」「派手な」「ごまかしの」「女らしい」「流行の」「楽しい」「面倒な」「気分転換の」「あたりまえの」「きれいな」および「手軽な」である。上記の装いごとに，イメージについて「0．まったくそう思わない」から「5．非常にそう思う」の6件法で回答を求めた。

時　　期　2004年7月に実施した。

実施方法　上記の調査票を講義中に集団で施行し，その場で回答・回収をおこなった。倫理的な配慮をおこない，同意を得た者のみを対象として実施した。

結　果

興味と経験の側面から　興味と経験の側面から，各装いの位置づけを検討した。興味と経験の回答（Table 1）に対し，コレスポンデンス分析を実施した。なお，無効回答を除いた178人のデータに対して実施した。興味と経験の座標をTable 2に，各装いの座標をTable 3に示す。さらに，それらを同一平面上

に布置したものをFigure 4に示す。

　また，装いの座標に対して階層的クラスター分析（ウォード法，ユークリッド距離）をおこなったところ，3つのクラスターが確認された。1つ目は「化粧」「衣服」「アクセサリー」，2つ目は「美容整形」「刺青」，そして3つ目は「ダイエット」「ピアス」というクラスターになることが示された。

Table 1　各装いについての興味と経験の回答

	経験がある	興味はあるが経験は無い	興味が無い	欠損
化粧	157	13	11	0
アクセサリー	170	8	3	0
ピアス	117	40	23	1
刺青	2	45	133	1
衣服	161	16	3	1
ダイエット	98	61	22	0
美容整形	5	50	125	1

Table 2　興味と経験の座標

	次元1	次元2
経験がある	-0.65	0.06
興味はあるが経験は無い	0.40	-0.42
興味が無い	1.15	0.18

Table 3　装いの座標

	次元1	次元2
化粧	-0.60	0.15
アクセサリー	-0.74	0.19
ピアス	-0.24	-0.16
刺青	1.22	0.13
衣服	-0.68	0.08
ダイエット	-0.10	-0.43
美容整形	1.15	0.04

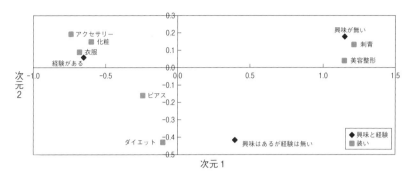

Figure 4　コレスポンデンス分析結果

イメージの側面から　位置づけの検討の前に，イメージ測定のための項目について検討をおこなった。はじめに，すべての「装い」における各イメージの評定をプールし，イメージごとに選択肢の回答の割合について検討した。結果，回答の50％以上が1つの評定値に集まったイメージ項目は存在しなかった。また，装いを独立変数，イメージの得点を従属変数とした分散分析をおこなった。結果，すべてのイメージ得点において，5％水準で有意差が認められた（Table 4）。これらの結果から，この段階では，今回使用したイメージ測定項

Table 4　装いを独立変数にイメージの得点を従属変数とした分散分析結果

	化粧		アクセサリー		ピアス		刺青		衣服		ダイエット		美容整形		F
かわいい	4.0	(0.89)	4.4	(0.74)	4.3	(0.78)	1.9	(1.53)	4.5	(0.73)	2.6	(1.55)	1.9	(1.72)	214.72 ***
高価な	3.0	(1.23)	3.5	(1.08)	3.0	(1.21)	2.7	(1.74)	3.7	(1.19)	3.0	(1.56)	4.3	(1.42)	42.08 ***
恐い	1.6	(1.38)	0.9	(1.11)	2.3	(1.66)	3.8	(1.52)	0.6	(0.90)	1.8	(1.60)	4.0	(1.61)	187.55 ***
おしゃれな	4.1	(0.85)	4.2	(0.92)	4.2	(0.85)	2.3	(1.51)	4.5	(0.83)	2.4	(1.59)	1.7	(1.55)	194.22 ***
痛い	0.8	(1.08)	0.9	(1.25)	2.9	(1.58)	4.1	(1.48)	0.5	(1.02)	1.8	(1.51)	4.1	(1.42)	269.62 ***
派手な	2.9	(1.18)	2.6	(1.17)	2.4	(1.23)	3.4	(1.63)	2.7	(1.44)	1.2	(1.28)	2.3	(1.73)	55.43 ***
ごまかしの	3.1	(1.32)	1.1	(1.15)	1.2	(1.08)	1.6	(1.43)	2.3	(1.48)	2.2	(1.73)	4.3	(1.34)	153.03 ***
女らしい	3.9	(0.86)	3.6	(1.19)	3.2	(1.27)	1.0	(1.08)	3.8	(1.09)	3.0	(1.40)	1.9	(1.52)	190.42 ***
流行の	3.4	(1.06)	3.5	(1.06)	3.4	(1.32)	1.9	(1.70)	4.2	(0.96)	2.5	(1.57)	2.1	(1.65)	105.39 ***
楽しい	3.7	(1.19)	3.4	(1.24)	3.3	(1.31)	1.2	(1.28)	4.3	(0.92)	1.9	(1.42)	1.1	(1.25)	245.64 ***
面倒な	3.0	(1.38)	1.9	(1.37)	2.5	(1.44)	2.7	(1.81)	2.5	(1.46)	3.4	(1.46)	3.2	(1.81)	26.94 ***
気分転換の	3.2	(1.27)	3.1	(1.30)	3.1	(1.37)	1.9	(1.68)	3.8	(1.10)	2.3	(1.46)	1.9	(1.74)	63.23 ***
あたりまえの	2.8	(1.37)	2.1	(1.39)	2.0	(1.47)	0.5	(0.87)	3.3	(1.42)	1.9	(1.42)	0.5	(0.92)	157.34 ***
きれいな	3.9	(0.92)	3.8	(1.07)	3.5	(1.19)	1.3	(1.39)	4.0	(0.94)	3.0	(1.57)	2.2	(1.83)	132.92 ***
手軽な	2.3	(1.24)	2.8	(1.32)	2.5	(1.40)	0.6	(0.96)	2.7	(1.35)	1.6	(1.37)	0.7	(1.21)	125.45 ***

注）括弧内は標準偏差。
***p < .001

目は,各装いのイメージの差異を測定するのに適切であると判断した。次に,装いごとに主成分分析をおこなった。第1主成分および第2主成分への負荷が0.4以下,または,共通性が0.4以下の項目を削除した。結果,「高価な」「派手な」「ごまかしの」「面倒な」そして,「手軽な」が削除された。最終的に,残りの10項目を以降の分析に用いることとした。

上述のイメージ項目を用いて装いのなかのダイエットの位置づけを検討した。サンプル×装い×イメージの3相データに対して,構造方程式モデリングを用いた探索的ポジショニング分析を実施した(豊田,2001)[16]。因子負荷をTable 5に,因子平均をTable 6に示す。さらに,それらを同一平面上に布置したものをFigure 5に示す。なお,適合度は CFI = .885, $RMSEA$ = .084であった。

また,1次因子から観測変数へのパス係数に対して階層的クラスター分析(ウォード法,ユークリッド距離)をおこなったところ,3つのクラスターが確認された。1つ目は「化粧」「衣服」「アクセサリー」,2つ目は「美容整形」「刺

Table 5　イメージの因子負荷

	第1軸	第2軸
かわいい	0.15	-0.86
恐い	-0.99	-0.36
おしゃれな	0.10	-0.92
痛い	-1.12	-0.48
女らしい	0.21	-0.78
流行の	0.03	-0.90
楽しい	0.29	-0.83
気分転換の	0.04	-0.72
あたりまえの	0.32	-0.48
きれいな	0.14	-0.85

16　従来,このような3相データ(three-mode data)については,そのまま扱うことが難しく,2相にデータを圧縮し情報量を落としたうえで分析がおこなわれることが多い。しかし,構造方程式モデリングの使用により3相データをそのまま分析することが可能となる(豊田,2001)。なお,3相データの分析方法には,PARAFACや3相因子分析などもあるが,今回は,評価対象の位置づけの把握を目的としているため,その目的に合致すると考えられた3相データの探索的ポジショニング分析をおこなった。

Table 6　装いの因子平均

	第1軸	第2軸
化粧	1.39	-0.65
アクセサリー	1.38	-0.65
ピアス	-0.24	-0.79
刺青	-2.28	1.34
衣服	1.91	-1.01
ダイエット	0.09	0.61
美容整形	-2.26	1.16

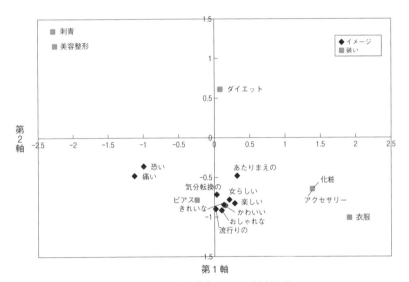

Figure 5　探索的ポジショニング分析結果

青」、そして3つ目は「ダイエット」「ピアス」というクラスターになることが示された。

考　察

　本研究の目的は、化粧や衣服、美容整形などの他の装いとの比較から、痩身の位置づけについて検討することであった。位置づけに関しては、興味と経験、

およびイメージの2つの側面に焦点をあてて検討をおこなった。なお，他の装いとの比較の都合上，痩身ではなく痩身希求行動を扱った。

　興味と経験，およびイメージの両側面における検討により，装いのなかでの痩身希求行動の位置付けが明らかになった。痩身希求行動は様々な装いの中で，従来の分類にあてはまらず，一次的装いおよび永続的装いとは異なる位置づけにあり，一時的装いと永続的装いの中間という独特の位置づけを有していることが明らかになった。両側面で得られた痩身希求行動の位置づけは，当初想定したとおりであり，装いとしての痩身希求行動の性質の一端を明らかにしたと言える。また，興味と経験，およびイメージの両側面において，装いの布置が類似していることが明らかになった。クラスター分析の結果においても，興味と経験，およびイメージの両側面にて同様のクラスターが得られることが示された。このことから，興味と経験そしてイメージの両者が相互に影響し合っている可能性が考えられる。

　ところで，痩身希求行動以外の装いについて，当初に想定した分類およびKaiser（1985）らの分類に一致しない部分があることが明らかになった。これは，興味と経験およびイメージの両側面において同様であった。

　1つ目であるが，衣服とアクセサリー，および化粧は，1つのまとまりとなっていることが示された。つまり，この3つの装いは，一時的な装いとしてひとまとまりとして認識され，また，用いられている可能性が示された。確かに，化粧は，身体に塗りつけるものではあるが身体そのものを加工するわけではない。衣服やアクセサリーと同じく，体の表面にまとうものと言える。そのため，外部的装いと分類する方が適切と考えられる。

　2つ目であるが，ピアスが，永続的装いと一時的装いの中間に位置していることが明らかになった。ピアスはもともと，永続的・身体的に含まれる装いとされている。確かに，はじめて身につける際には体への傷つけということで，永続的・身体的の装いに含まれるが，実際にはその後，好きな時に取り外したり，つけるものを変えることも可能である。また，ピアスをしばらく使用していないと穴がふさがってしまう。つまり，ピアスは身体的でもあれば外部的でもあり，また，一時的でもあれば永続的でもある装いと言える。このように，両面的な要素を有しているため，中間という位置づけになった可能性がある。

Wohlrab, Stahl, & Kappeler（2007）も，タトゥーとピアスの動機づけの分類のレビューの中で，両者には同じ動機があるが永続性という特性を有しているか否かで異なっているとし，ピアスを永続的な装いとはしていない。このように，ピアスは必ずしも永続的な特徴を有するわけではないため，タトゥーなどを含む永続的・身体的な装いの部分に布置されなかった可能性が考えられる。なお，様々な民族において古くからおこなわれているピアスはどちらかというと永続的で身体的な装いと言えるが，現代では，文身（タトゥーや瘢痕）のような特殊な装いとしてではなく，化粧やアクセサリーと同じ感覚として扱われているといえる。そのために，今回の結果において，タトゥーや美容整形に対して化粧やアクセサリー側に寄ったところに位置した可能性がある。

このことは，装いの現実的な認識の分類が，時代・文化によって変化する可能性を示唆していると考えられる。従来の概念的な分類は，現代の現実場面での装いのイメージや興味と経験における分類と一致しない可能性もあり，現象とそのメカニズムを考えていく際に，適切に分類を考え直していく必要性も考えられる。

今回の結果をもとに，現代の装いの位置づけをまとめ直したものがFigure 6

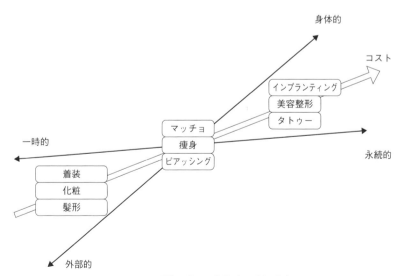

Figure 6　現代の装いの位置づけ（改訂版）

である。なお，ここでは装いの行動ではなく状態についてまとめている。身体的 - 外部的，および，一時的 - 永続的の軸を使用しているが，各装いについては，Kaiser（1985）の分類とは異なり，その性質を再検討したうえでの布置としている。着装，化粧などは外部かつ一時的な位置づけとしている。ピアッシング（ピアスをすること）は，一時的と永続的の中間に，また，身体的と外部的の中間に位置づけている。美容整形やタトゥーもひとまとまりであり，永続的かつ身体的な位置づけとしている。瘦身は，身体的であるが，一時的と永続的の中間である。他の装いもこの軸上に布置することが可能である。

なお，これらの位置づけにおいては，身体的 - 外部的の軸と，一時的 - 永続的の軸は斜交している。両者は，その性質として重複するところが大きいからである。そして，ここに，コストという軸を置くことによって，これらの装いの位置づけがより明確になると考えられる。痛みをともなったり，元に戻せなかったり，社会的なマイナス評価を受けたりする装いほど，コストが大きい。今後は，以上の軸と布置に基づき装いを扱うことが有用であろう。

第4章　痩身の機能の検討

第1節　問　題

　第4章においては，痩身の機能に対する人々の認知について検討をおこなう。痩身が装いのなかに位置づけられるとしたら，痩身にも装いと同様の心理的機能があると考えられる。そこで，まず，どのような内容が認められるか，また，それが装いにおける内容と類似し，同様の分類が可能かについて検討する。この検討は，痩身の機能を明確にするであろう。そして，痩身の機能が装いのそれと同様であるとしたら，痩身が装いの一つであることの確認にもなるであろう。その後，その機能に対応する認知を測定する尺度を作成し，それらの認知間の関連性，そして最終的には痩身願望との関連性について検討する。このことは，痩身を求める背景にある心理の解明に寄与するであろう。

　本章では，その痩身の機能について，「体型結果予期」の検討をとおして明らかにする。これは，痩身をポジティブな目標と設定した場合の，体型によって生じる結果についての予期であり[17]，体型の効用についての予期と言い換えることもできる。この体型結果予期には，痩身によりポジティブな評価が得られるとする予期（以降，体型ポジティブ結果予期）と，現在の体型（非痩身）によりネガティブな評価が得られるとする予期（以降，体型ネガティブ結果予

---

[17] 肥満をポジティブな目標と設定した場合の体型によって生じる結果についての予期も存在するが，ここでは，本書の目的にあわせて，本文内記載の内容に限定する。

次ページ18　目標表象にはポジティブとネガティブがあり，制御理論など，多くの理論にてその軸が顕在的・潜在的に扱われてきた。本研究でも，痩身という目標表象の達成についての予期を扱っていることから，ポジティブとネガティブを想定し扱うこととした。

期)の2つが想定される[18]。前者は，痩せた体型であることにより他者から賞賛してもらえる，痩せることにより自信がもてるようになるといった内容である。後者は，現在の（痩せていない）体型では他者から良い評価を得られない，服の選択肢が限定されるといった内容である。

　第1章でまとめたように，従来の研究において，これに類似した内容について様々な観点からの分類がおこなわれている。しかし，従来の研究で扱われている内容は概念や尺度上での分類等に若干の問題が認められるため，今回，装いの枠組みで体型結果予期を検討するにあたりそのまま用いることはできない。それは，主に以下の3つの理由による。

　1つ目は，内容の弁別の問題である。例えば，馬場・菅原（2000）では痩身のメリットや現在の体型のデメリットが扱われているが，性格や人生などの複数の内容が1つにまとめられており，個別の内容についての検討は十分になされていない。また，O'Connell & Velicer（1988）の調査は痩身ではなくダイエットについてのものであるが，そこで使用しているDBIにおいても，自己肯定，健康，被服，自分からの承認や生き方に関する内容が1つにまとめられている。

　2つ目は，扱われている内容の網羅性についての問題である。これまで扱われた項目は，調査者自身が設定したものであり（羽鳥，1999；馬場・菅原，2000），実際に人々が意識しているメリット意識の内容を網羅しているわけではない可能性が残る。また，摂食障害患者の面接から得られたものも（Spangler & Stice, 2001），実際に一般の人々が意識している内容を必要十分に網羅していない可能性がある。また，杉森（1999）や羽鳥（1999）などにおいては，痩せることによるポジティブな結果についての認知は扱われているが，現在の体型であることによるネガティブな結果についての認知はほとんど検討されていない。痩身の指向性としては，プラスの目標達成への指向性だけではなく，現状の不満を解決するというマイナスからの回避という指向性もあると考えられるため，現在の体型によるデメリットを回避しようとする認知も扱うことが有用であるといえる。

　3つ目は，ネガティブ（損失，デメリットなど）の内容の意味が異なるという問題である。例えば，O'Connell & Velicer（1988）や赤松他（2003）など

で扱っているメリットの内容は，あくまでも痩身希求行動をおこなうことのポジティブな予期やネガティブな予期であり，体型についてのそれではない[19]。コストについても同様である。Allen et al.（1993）やSilberstein et al.（1988）が扱っているものも，体型ではなく痩身希求行動そのものの利益や損失である。

　このような状況に鑑みるに，従来の内容をそのまま用いることはできない。痩身を装いの枠組みで検討する際には，内容を幅広く，かつ，概念上の分類を明確におこない，そして，研究目的に即して適切に扱う必要がある。そのため，体型ポジティブ結果予期と体型ネガティブ結果予期について，まずは，実際に若年女性がどのように意識しているか，改めて内容について包括的に収集し，適切に精査してまとめる必要がある。そこで，自由記述調査からその内容を明らかにしていく。

　その内容について，2つの観点から検討を進めていく。まず，1つ目は，装いとの関連である。抽出された内容が装いにおける機能と対応したものとして抽出されるか，また，独自のものが得られるか検討する。痩身が装いの一つであるならば，装いに見られる機能に対応したものがそれぞれ抽出されるであろう。このことは同時に，痩身が装いの一つであることの確認にもなるであろう。また，2つ目は，痩身願望や痩身希求行動との関連である。痩身を目標指向的行動と捉えた場合，痩せることによりメリットを獲得しようとする心理プロセスと，痩せることにより現在の体型によるデメリットを回避しようとする心理プロセスが，痩身願望，ひいては痩身希求行動の背景に存在することになる。つまり，痩身願望や痩身希求行動と関連していると考えられる。従来の研究により，上述の問題があるとはいえ，痩身のメリット感などが痩身願望に関連していることが報告されている（e.g., 馬場・菅原，2000；羽鳥，1999；菅原・馬場，2001；杉森，1999）。これらの結果と，体型ポジティブ結果予期と体型ネガティブ結果予期がどちらも痩身という目的への指向性を有しているということを考慮すると，この両者と痩身願望との間には正の関連が認められると考えられる。そこで，それらの認知と痩身願望との関連について，尺度作成をおこなったうえで検討する。これらの検討は，装いおよび痩身の背景の心理的機

19　例えば，損失の場合は，ダイエットをすると好きなものを食べられない，といった内容である。

序の解明に有用と考えられる。

第2節　研　究　2

目　的

　体型ポジティブ結果予期と体型ネガティブ結果予期の両者について，その内容が他の装いにおける機能に対応した内容と同様であるか明らかにすることを目的とする。

方　法

　対　象　関東圏の共学の大学1校と女子大学1校の女子学生69名，および，看護学校の女子学生33名の計102名（平均年齢20.6歳，標準偏差1.52）を対象とした。

　調査票　体型ポジティブ結果予期の内容を検討するために，痩せた場合，そして痩せている場合のメリットについて自由記述で回答を求めた。また，体型ネガティブ結果予期の内容を検討するために，太った場合，そして太っている場合のデメリットについても自由記述で回答を求めた[20]。なお，実際に経験したものおよび想像のものの両方について記述を求めた[21]。

　時　期　2004年11月から2005年1月に実施した。

　実施方法　主に講義中に実施した。倫理的な配慮をおこない，同意を得た者のみを調査対象とした。

---

[20] 本来は，現在の体型で感じるデメリットについて尋ねた方がよいのかもしれない。しかし，先行研究により，多くの女性が痩せていたり普通の体型であっても太っていると認識していることが示されていること，また，痩せのメリットとの対比を明確にしたいという意図から，今回の教示内容とした。

[21] 教示はそれぞれ以下のとおりである。「痩せると，もしくは，痩せていると，どのようなメリットがあると思いますか。下の枠の中に，自由に書いてください。数はいくつでもかまいません。なお，経験でも想像でもかまいません」および「太ると，もしくは太っているとどのようなデメリットがあると思いますか。下の枠の中に，自由に書いてください。数はいくつでもかまいません。なお，経験でも想像でもかまいません」である。

結果および考察

　体型ポジティブ結果予期と体型ネガティブ結果予期のそれぞれについて，得られた記述内容の分類をおこなった。前者については205の記述が得られた(平均は2.0個，最小は1個，最大は5個)。後者については，208の記述が得られた（平均2.1個，最小0個，最大6個）。内容の分類については，以下に述べる手順でおこなった。まず，①自由記述で得られた内容を複数名の大学生と協議をおこないながら分類した。その後，②複数名の大学院生と分類について再検討し，修正等をおこなった。最後に，③再度，複数名の大学生および大学院生と分類をおこなった[22]。これらの分類は，体型ポジティブ結果予期と体型ネガティブ結果予期のそれぞれ別におこなった。

　その結果，体型ポジティブ結果予期および体型ネガティブ結果予期の両者ともに，11のカテゴリーに分類可能であった。また，そのカテゴリーは，体型ポジティブ結果予期と体型ネガティブ結果予期で対応していた。11のカテゴリーは，「自己の肯定」「積極的行動」「同性からの評価」「異性からの評価」「服の選択肢」「おしゃれ」「身体の露出」「二次的身体変化」「魅力」「将来の成功」「健康」である。「自己の肯定」は自信や自己に対する肯定感などについての内容であり，「積極的行動」は，人前への出やすさなどについての内容であった。この「自己の肯定」と「積極的行動」は，自己の強化や自信の向上に関連する内容であり，自分の目をとおした働きのあらわれと言える。つまり，従来の装いの対自的機能に対応する内容と考えられた。また，「同性からの評価」は同性からの注目や反応に関する内容であり，「異性からの評価」は異性からの注目や反応に関する内容であった。この「同性からの評価」および「異性からの評価」は，他者からの承認や相互作用の促進などに関連する内容であり，他者の目をとおした働きのあらわれと言える。つまり，装いにおける対他的機能に対応する内容と考えられた。以上，装いと同様に，痩身にも対自的機能と対他的機能という心理的機能の存在が想定され得ることが確認された。このことは同時に，痩身が装いの一つであることを示したと言える。

　また，「服の選択肢」「おしゃれ」，および「身体の露出」というカテゴリー

---

[22] 手順1と手順2の学生／大学院生とは別である。

も抽出された。これらは，他の装いの促進という特徴を有しており，装い促進機能とでも言える機能に対応したものと言える。これまで，体型についての意識と衣服の着用との関連が示されている（中野，1986；植竹，1988）。そして，痩せを求める理由に衣服という要因が関連していることも示されている（廣金他，2001；北川他，1997）。今回の結果は，体型が他の装いの前提条件になっていることを示しており，装いがそれぞれ密接に関連し，ある装いが他の装いの前提条件になっていること，少なくともそのように認知されていることを示唆したと言える。本研究により，大枠である装いについての有用な知見も得ることができたと言える。

　他のカテゴリーの内容は，以下のとおりである。「二次的身体的変化」は，所謂部分痩せに関する内容であり，二の腕の細さやウエストのくびれに関する内容であった。羽鳥（1999）などにおいても，痩身のメリットの身体面に「小顔」や「細い手足」といった部分痩せがあることが示されている。部分痩せが現実的に可能かどうかは別とし，人々が単純に全体的に痩せることを意識しているのではなく，メリハリのついた身体，つまりプロポーションの良い身体を目標として痩せを求めていることがうかがえる。また，「魅力」は，見た目についての内容であり，所謂，痩せイコール美（"Thin is beautiful"）という信念を反映している内容と考えられた。美の基準は明確ではなく主観的なものであるが，少なくとも，主観的には痩身と美が強固に結びついていることが確認されたと言える。「将来の成功」も抽出された。これは，結婚や人生に関する内容であった。体型と人生が結びついて認識されているのは興味深いことであり，体型についてHakim（2011）のいう資本としての認識がなされていると言えよう。「健康」は，体型と関連する健康についての内容であり，体調や動きやすさに関する内容であった。これは，装いの身体保護機能に対応していると考えられた。生活習慣病などがメディアを賑わせていることもあり，体型が健康と結びついて認識されている可能性がある。

　ところで，装うことによる感情の変化や生理的な変化は抽出されなかった。その理由として，体型は化粧やアクセサリーのように短期間で変化させることが不可能であるために，その場での鋭敏な反応としての感情の変化が意識されにくいということが考えられる。また，生理的変化が得られなかった理由とし

て，上記の理由とあわせ，生理レベルでの変化はそもそも体型に限らず自覚されにくいものであり，内省報告で得るには難しいということも考えられる。

　以上をまとめると，体型結果予期については，当初予定したとおり，装いの機能と対応した分類が可能であり，このことから，痩身が装いの一つであることが示されたと言える。また，興味深いことに，他の装い促進という内容も得られている。体型は他の装いと密接に関連しているとされているが，装いのなかでの痩身の位置づけを考察するにあたり有用な知見が得られたと考えられる。

第3節　研　究　3

目　　的

　体型結果予期と痩身願望との関連について検討し，体型結果予期の特徴を明らかにする。そのために，まず，体型結果予期を測定するための項目を準備し，その後，体型結果予期と痩身願望との関連性について検討する。

方　　法

　対　　象　関東圏の共学の大学1校と女子大学1校の女子学生184名，および，看護学校の女子学生69名の計253名を対象とした。無効回答9名，年齢未記入の8名，体重が未記入，もしくは，現在よりも大きい値の体重を理想としていた45名[23]，また，年齢が30歳以上の3名[24]を除いた188名（平均年齢20.3歳，標準偏差1.55）のデータを以降の分析に使用した。なお，一部は他の調査と併せて実施した。BMIの平均値は21.03（標準偏差2.64）であった。

　調 査 票　(a) 体型ポジティブ結果予期および体型ネガティブ結果予期を測定するための項目：研究1で得られた自由記述の内容に基づいて作成した項目

---

[23] 現在の体型よりも太りたいと思っている人にとっては，現在の体型へのネガティブな予期は，痩せていることのネガティブな結果の予期を意味することになる。そのため，現在よりも太りたいと思っている（痩せたいと思っていない）人のデータを分析から除外した。

[24] 年齢によって体型は変化し，またボディイメージも変化する。また，ライフスタイルも変化する。そしてそれにともない，装いも変わり，また，健康面などへの意識も変わると考えられる。そのため，あえて対象を一定範囲の年代（30歳未満）に限定し検討することにした。

である。項目作成方法は以下のとおりである。まず，①複数の大学院生と，先のそれぞれの分類を踏まえたうえで，得られた自由記述について個々の項目内容の重なりや表現等について検討した。その後，②再度，複数の大学生および大学院生と項目内容の検討をおこない項目を作成した[25]。なお，体型ポジティブ結果予期と体型ネガティブ結果予期の両者において，同じカテゴリーでは項目内容ができるだけ対応するように考慮した。この段階では，各カテゴリーについて4つから6つの項目で構成されるようにした。体型ポジティブ結果予期の教示は，「以下に並んでいるのは，一般的に言われている『痩せた場合のメリット』です。普段のあなたはこれらの内容についてどのくらい『痩せた場合のメリット』と思っていますか。あてはまるところの数字に◯をつけてください。一般的にどう考えられているかではなく，あくまでも，あなた自身が普段どのくらい思っているかについてお答えください」とした。また，体型ネガティブ結果予期の教示は，「以下に並んでいるのは，一般的に言われている『今の体型（痩せ具合・太り具合）のままのデメリット』です。普段のあなたはこれらの内容についてどのくらい『今の体型のままのデメリット』と思っていますか。あてはまるところの数字に◯をつけてください。一般的にどう考えられているかではなく，あくまでも，あなた自身が普段どのくらい思っているかについてお答えください」とし，回答者本人がどのように認知しているかについての回答を求めた。それぞれの項目について，回答者本人が普段，メリットやデメリットと思っている程度について，「1．まったくそう思っていない」から「6．とてもそう思っている」の6件法にて回答を求めた。(b) 痩身願望尺度（馬場・菅原，2000)：痩身願望の程度を測定するための尺度であり11項目からなる。「自分が痩せることを考えるとわくわくする」や「体重を量ったときに減っていると嬉しい」などの項目から構成されている。「1．まったくあてはまらない」から「5．非常にあてはまる」の5件法で回答を求めた。

　時　　期　2005年6月から7月に実施した。

　実施方法　講義中に実施した。倫理的な配慮をおこない，同意を得た者のみを調査対象とした。

---

[25] 手順1における大学院生とは別である。

結　果

項目精選および予備的分析　はじめに，体型ポジティブ結果予期と体型ネガティブ結果予期のそれぞれについて，カテゴリーごとに項目分析をおこなった。項目削除時のα係数，I-T相関，重回帰分析の結果等を参考に，問題があると考えられる項目から順に除外した。最終的に，各カテゴリーに含まれる項目数はそれぞれ4つとした。これをもって，体型結果予期の尺度とした。各カテゴリーと項目内容をTable 7に示す。また，各下位尺度得点の平均値および標準偏差をTable 8に示す。

平均値およびヒストグラムからは，天井効果や床効果が生じた下位尺度がいくつか認められた。つまり，それらの下位尺度には，多くの人があてはまるという方向に偏って回答，もしくは，あてはまらないという方向に偏って回答した項目が多く含まれていることを示している。これらは，若年女性の痩身希求行動の背景にある体型結果予期の特徴の一端を示しており，この偏り自体は有用な知見であると考えられる。尺度としては若干問題があるとも考えられるが，これらの下位尺度も含め，以降の分析を進めることとした。

体型ポジティブ結果予期と体型ネガティブ結果予期の各下位尺度における内的整合性の検討をおこなった。結果をTable 8にあわせて示す。体型ポジティブ結果予期と体型ネガティブ結果予期のそれぞれのカテゴリーごとにクロンバックのα係数を算出したところ，若干高め（αs=.82〜.96）であったが，大きな問題はないとみなした。

体型ポジティブ結果予期と体型ネガティブ結果予期の関連について検討した。体型ポジティブ結果予期と体型ネガティブ結果予期のそれぞれにおける各下位尺度得点間のピアソンの積率相関係数をTable 9に示す。体型ポジティブ結果予期と体型ネガティブ結果予期のそれぞれにおける各カテゴリー間では，強く相互に関連し合うものがある一方，そうでないものもあることが示された（それぞれrs=.10〜.68とrs=.03〜.70。一部を除き少なくとも5％水準で有意）。

また，対応するカテゴリーにおける体型ポジティブ結果予期と体型ネガティブ結果予期の関連について検討した。体型ポジティブ結果予期と体型ネガティブ結果予期の対応するカテゴリーの下位尺度得点間のピアソンの積率相関係数もあわせてTable 9に示す。それらの関連の強さにも幅が認められた（rs =.20

Table 7　体型ポジティブ結果予期および体型ネガティブ結果予期のカテゴリー名および項目内容

	体型ポジティブ結果予期	体型ネガティブ結果予期
自己の肯定	自分に満足できるようになる 自分を好きになれる 自分に肯定的になれる 明るい気分でいられる	自分を好きになれない やる気がでない 悩み事が減らない 明るい気分でいられない
積極的行動	積極的に遊びに出かけることができる 異性に積極的に話しかけることができる 新しい友達をたくさんつくることができる ひけめを感じずに人前に出ることができる	コンパやパーティーに参加しにくい 異性に積極的に話しかけにくい 人前に出るときに引け目を感じる 恋愛に前向きになれない
同性からの評価	同性からうらやましがられる 同性からほめられる 同性受けが良くなる 同性から注目される	同性受けが良くない 同性に注目されない 同性に良い印象をもってもらえない 同性に高い評価をもらえない
異性からの評価	異性の注目をひくことができる 異性から好かれる 異性からほめられる 異性にデートに誘われる	異性受けがよくない 異性の注目をひけない 異性にモテない 異性にほめてもらえない
服の選択肢	服のサイズで困らなくなる 洋服のサイズを気にせず着れる 好みの服をサイズを気にせず購入できる 購入時に服の選択の幅が広がる	細身の服を着れない 服を着るときサイズが気になる 好みの服のサイズがなくて購入できない 購入時に服の選択の幅が限定される
おしゃれ	服が似合うようになる おしゃれを楽しめる アクセサリーが似合う 化粧を楽しめるようになる	服をかっこよく着れない オシャレを楽しめない アクセサリーが似合わない 化粧を楽しめない
身体の露出	水着を着れる 足が出せる 二の腕が出せる 体のラインが出る服を着れる	水着になれない 足が出る服を着れない 二の腕が出せない 体のラインが出る服を着れない
二次的身体変化	脚が細くなる 二の腕が細くなる ウエストのくびれができる スタイルが良くなる	二の腕が細くない ウエストにくびれがない スタイルが良くない 脚が細くない
魅力	かわいく見える 見た目が良い きれいに見える 魅力的に見える	かわいく見えない 見た目が良くない きれいに見えない 魅力的に見えない
将来の成功	幸せな結婚ができる 幸せな家庭を築くことができる 幸せな人生をおくることができる 良い仕事につくことができる	幸せな結婚ができない 幸せな家庭を築くことができない 幸せな人生をおくることができない 良い仕事につけない
健康	健康的になる 体調が良くなる 体への負担が少なくなる 体が動きやすくなる	体調が良くない 健康的でない 動きにくい 疲れやすい

Table 8 体型ポジティブ結果予期と体型ネガティブ結果予期の各下位尺度得点の平均値，標準偏差およびα係数

	体型ポジティブ結果予期			体型ネガティブ結果予期		
	M	SD	α	M	SD	α
自己の肯定	18.18	4.46	.91	11.40	5.36	.89
積極的行動	14.43	4.95	.89	11.56	5.66	.90
同性からの評価	17.22	4.76	.90	10.96	4.68	.94
異性からの評価	15.92	4.85	.94	13.81	5.27	.96
服の選択肢	19.46	4.59	.89	16.31	5.58	.90
おしゃれ	18.80	3.66	.82	12.07	4.48	.82
身体の露出	21.49	3.33	.86	16.84	5.23	.85
二次的身体変化	21.27	3.57	.94	18.88	4.71	.90
魅力	19.49	4.00	.91	15.46	5.62	.95
将来の成功	10.14	4.81	.93	7.48	4.32	.95
健康	16.11	4.47	.91	11.45	5.35	.89

注) $N = 188$

Table 9 体型ポジティブ結果予期および体型ネガティブ結果予期のそれぞれにおける各下位尺度得点間のピアソンの積率相関係数および両者の対応するカテゴリーの下位尺度得点間のピアソンの積率相関係数

	1	2	3	4	5	6	7	8	9	10	11
1. 自己の肯定	.47***	.68***	.59***	.52***	.17*	.52***	.55***	.51***	.65***	.42***	.32***
2. 積極的行動	.70***	.54***	.57***	.62***	.23**	.58***	.45***	.37***	.49***	.63***	.27***
3. 同性からの評価	.44***	.53***	.41***	.70**	.19***	.49***	.45***	.43***	.53***	.35***	.13
4. 異性からの評価	.46***	.69***	.61***	.43***	.33***	.55***	.42***	.40***	.64***	.47***	.20**
5. 服の選択肢	.35***	.41***	.28***	.40***	.47***	.46***	.34***	.34***	.23**	.16*	.28***
6. おしゃれ	.57***	.64***	.50***	.63***	.61***	.34***	.48***	.38***	.57***	.40***	.24**
7. 身体の露出	.39***	.50***	.38***	.50***	.56***	.60***	.20**	.55***	.62***	.20**	.12
8. 二次的身体変化	.38***	.37***	.20**	.37***	.54***	.42***	.71***	.29***	.43***	.10	.19*
9. 魅力	.48***	.61***	.52***	.68***	.46***	.69***	.70***	.58***	.37***	.30***	.18*
10. 将来の成功	.54***	.58***	.44***	.43***	.22**	.44***	.20**	.03 ns	.33***	.53***	.29***
11. 健康	.46***	.35***	.21**	.20**	.47***	.46***	.28***	.37***	.23**	.36***	.35***

注) 対角右上が体型ポジティブ結果予期内のピアソンの積率相関係数。対角左下が体型ネガティブ結果予期内のピアソンの積率相関係数。対角が両者の対応するカテゴリーの下位尺度得点間のピアソンの積率相関係数。
$N = 188$. *$p < .05$, **$p < .01$, ***$p < .001$

〜.54。一部を除き少なくとも5%水準で有意）。

このように，ある程度の強さの関連が認められたため，弁別性を確認するために，カテゴリーごとに両者の項目をプールした因子分析を実施した[26]。分析の結果，十分に両者が弁別されることが確認された。このことから，両者はある程度関連してはいるものの，完全な表裏一体ではないことが示唆されたと言える。

体型結果予期と痩身願望の関連　体型ポジティブ結果予期および体型ネガティブ結果予期と痩身願望との関連について，相関分析により検討した（Table 10）。その結果，体型結果予期の各カテゴリーと痩身願望との間には，一部を除き弱い関連から中程度の関連が認められた（rs = .16〜.53。少なくとも5%水準で有意）。

Table 10　体型ポジティブ結果予期および体型ネガティブ結果予期の各下位尺度得点と痩身願望尺度得点間のピアソンの積率相関係数

痩身願望			
体型ポジティブ結果予期		体型ネガティブ結果予期	
自己の肯定	.48 ***	自己の肯定	.53 ***
積極的行動	.35 ***	積極的行動	.41 ***
同性からの評価	.41 ***	同性からの評価	.28 ***
異性からの評価	.41 ***	異性からの評価	.35 ***
服の選択肢	.28 ***	服の選択肢	.40 ***
おしゃれ	.40 ***	おしゃれ	.43 ***
身体の露出	.41 ***	身体の露出	.47 ***
二次的身体変化	.41 ***	二次的身体変化	.49 ***
魅力	.49 ***	魅力	.44 ***
将来の成功	.21 **	将来の成功	.16 *
健康	.19 **	健康	.28 ***

注）N = 188. *p < .05, **p < .01, ***p < .001

---

[26] 基本的には，初期解は最尤法とし，また，回転方法はプロマックス回転とした。

考　察

　一連の手続により，今回作成した尺度の信頼性と妥当性の一部が確認された。体型に関する今後の研究において，有益なツールになると考えられる。なお，回答の偏りが確認された下位尺度もあったが，そのこと自体も有用な知見と考えられた。

　体型結果予期内の関連性については，以下の内容が明らかになった。まず，体型ポジティブ結果予期と体型ネガティブ結果予期のそれぞれにおいて，強く相互に関連しあうものがある一方，独立しているものもあることが明らかになった。今後，体型結果予期における個々の内容の関連性やメカニズムを詳細に検討していく際の有用な示唆となると考えられる。また，対応するカテゴリーにおける体型ポジティブ結果予期と体型ネガティブ結果予期の関連の仕方からは，両者はある程度関連しているものの，必ずしも完全な表裏一体ではないことが示され，両者の関連性についての知見がえられたと言える。また，この結果は尺度としての弁別性を示しており，尺度の妥当性の一端も示したと考えられる。

　体型結果予期と痩身願望の関連の検討からは，以下の内容が明らかになった。まず，心理的機能の一つである対自的機能に対応する心理的効用（「自己の肯定」や「積極的行動」）と痩身願望との正の関連性が確認された。特に「自己の肯定」においては全体の中では比較的強い関連が示された。このことから，自身の目をとおした効果への予期が痩身願望を規定する主な要因の一つであることが確認されたと言える。例えば羽鳥（1999）においても，内容が限られるとはいえ，メリット意識とデメリット意識が痩身願望と関連しているという，類似した結果が示されている。あらためて，体型と自己の結びつきが示唆されたと言えよう。そして，同じく心理的機能の一つである対他的機能に対応する心理的効用（「同性からの評価」や「異性からの評価」）と痩身願望との正の関連性も確認された。例えば，菅原・馬場（2001）などにおいても，他者から注目されるという痩身のメリット意識が痩身願望と関連しているという類似した結果が示されている。今回の結果により，同性や異性といった他者の目をとおした効果への予期も痩身願望を規定する重要な要因の一つであることが再確認されたと言える。装いの背景には印象管理というプロセスが存在し（e.g., 大坊，1997；

Kaiser, 1985），痩身願望の背景には，他者からの評価が関連していること（e.g., Mukai et al., 1998）も考慮すると，痩身の心理的機序を解明するにあたり，印象管理という観点から痩身を実証的に検討していくことの意義が再確認されたと言える。全体として，心理面での効用についての認知が痩身願望と強く関連しており，心理的機能の重要さが示されたといえる。なお，心理面での効用を強く意識しているために，痩せ過ぎの問題を身体面から論じるような介入が受け入れられにくい可能性もある。この点は，応用場面での介入をする際に考慮する必要があり，今後さらに検討する必要があろう。

また，装い促進機能に対応している体型結果予期と痩身願望との正の関連性も確認された。このことから，他の装いのために痩身を求めていることが示され，身体が他の装いの前提条件となっていることが再確認された。これまでの研究にて示唆されてきた体型に関する諸意識と衣服との関連（廣金他，2001；北川他，1997；中野，1986；植竹，1988）を支持する結果とも言える。さらに，関連の強さが心理的機能についてのそれと同程度であることから，研究2においても示唆されていた装い促進機能の重要性が再確認されたと考えられる。人々は，体型だけを意識しているのではなく，積極的に全体的な装いを意識して構築しようとしていることがうかがえる。

ところで，痩身願望との関連性が確認されない体型結果予期も見受けられた。体型ポジティブ結果予期の「健康」と痩身願望との関連は認められなかったが，これは，今回対象とした年代が健康面よりも外見を重視しており（野口他，1999；渡辺他，1997），また，その多くが，健康管理が必要なほど太っているわけではないために，このような結果になった可能性がある。健康管理が意識される他の年代や性別を対象とした場合は，異なった結果になる可能性もある。また，体型ネガティブ結果予期の「将来の成功」と痩身願望の関連も認められなかった。これは，この年代が未来や過去に比べ現在のことを重視しているために（白井，1989），関連が見られなかった可能性もある。もしくは，そもそも将来について具体的なイメージが抱けないために，このような結果がえられた可能性も考えられる。

ただし，解釈を慎重におこなう必要もある。今回，カテゴリーによっては，下位尺度得点において，分布の偏りが示されている。その分布の偏りが関連性

に影響を与えている可能性もある。例えば上述の「将来の成功」と痩身願望との関連の低さも，下位尺度得点に床効果が生じているために生じた可能性がある。今後検討を進める際には，得点の分布にも注意して項目を精選し直す必要もある。

第4節　まとめ

　本研究では，体型結果予期についての検討をとおし，装いとしての痩身の機能について明確にすることを目的した。そのために，以下の2つの研究を実施した。第1に，体型結果予期の内容の分類と検討をおこなった。その結果，様々な機能に対応する効用が抽出され，他の装いの機能と同様の機能が痩身にも存在することが確認された。また，他の装いを促進するような機能も確認された。これらにより，痩身が装いの一つであることが示されたと言える。第2に，体型結果予期と痩身願望との関連について検討した。その結果，全般的に両者に正の関連が示された。従来の研究にてほとんど扱われてこなかった体型ポジティブ結果予期だけでなく，体型ネガティブ結果予期に関しても，幅広く，また，詳細に検討したことにより，体型結果予期の性質がより明らかになったと言える。

　体型ポジティブ結果予期と体型ネガティブ結果予期の影響について，今後，詳細に検討することが有用と考えられる。例えば，体型についての意識や行動に対して，体型ポジティブ結果予期もしくは体型ネガティブ結果予期のどちらか一方のみが影響している場合もあれば，交互作用的な影響を有している場合も考えられる。その点を明らかにすることは，応用場面においても有用と考えられる。

　なお，体型結果予期について，他の年代の女性，そして男性も対象に，同様の検討をおこなうことも有用と考えられる。その際には，今回若年女性において痩身願望との関連が見られなかった内容や，各対象の独自の内容も考慮し検討することが必要であろう。このことにより，痩身の機能をより明確にできると考えられる。

第5章 賞賛獲得・拒否回避欲求と装いの関連

第1節 問　題

　痩身が装いの一つであるならば，装いの行為の背景にある要因は痩身希求行動の背景にも存在すると考えられる。そして，多少の違いがあるにしても，その要因と各装いとの関連のパターンは類似したものになると考えられる。その観点からの検討により，痩身が装いの一つであることを確認できると考えられる。

　装いの背景には印象管理のプロセスが存在する。そして，印象管理の役割は「自分を他者から受け入れられる状態にすること」であり（菅原，2004），他者から承認されることについての欲求を感じるほど，印象管理への動機づけは高くなる（Leary & Miller, 2000）。そのため，装いによる印象管理は，他者からの承認を求めるほどおこなわれると想定される。しかし，装いと承認との関連について検討した研究はほとんどおこなわれていない。

　承認を目的とした欲求は，印象管理におけるポジティブな結果の獲得とネガティブな結果の回避という2つの目的（e.g., Arkin, 1981；菅原，2004）にそれぞれ対応し，他者からの肯定的な評価の獲得への欲求（賞賛獲得欲求）と否定的評価を避けようとする欲求（拒否回避欲求）がある（菅原，2004）。この両者と痩身希求行動を含む装い行動との関連について検討することにより，痩身の位置づけが明確になることが期待される。

第2節 研究4

目　的

　本研究では，痩身希求行動，化粧行動，そして着装行動が賞賛獲得欲求および拒否回避欲求とどのように関連しているか検討し，その関連性が同様のパターンであるかを確認することを目的とする。あわせて，装いをおこなう者の装い行動のパターンについても検討する。

方　法

　対　象　関東圏の私立大学の女子学生45名，女子大学の学生60名，女子短期大学生36名，看護学校の女子学生59名，および関西圏の私立大学の女子学生20名の計220名（平均20.5歳，標準偏差2.04）を対象とした。

　調査票　（a）装い度：それぞれの装い行動の程度を測定するために，以下の内容についての回答を求めた[27]。化粧行動と着装行動に関しては，この1年間に購入した化粧品と衣服の数を尋ね，装い行動の程度とした。化粧品は，アイブロー，マスカラ，アイライナー，アイシャドー，チーク，口紅またはリップグロス，衣服は，スカート，パンツ，トップス，アウター，インナー，下着，のそれぞれについて尋ねた。痩身希求行動に関しては，この1年間に実施していた期間を尋ね，装い行動の程度とした。（b）賞賛獲得・拒否回避欲求尺度（小島他，2003）：印象管理の背景にある承認欲求の2側面である賞賛獲得欲求と拒否回避欲求を測定する自記式の尺度であり，それぞれ9項目からなる。「人と話すときにはできるだけ自分の存在をアピールしたい」や「意見を言うとき，みんなに反対されないかと気になる」といった項目から構成されている。「1．あてはまらない」から「5．あてはまる」の5件法で回答を求めた。

　時　期　2004年11月から12月に実施した。

　実施方法　上記の調査票を講義中に集団で施行した。一部の対象については，他の実験の休憩中に実施した。倫理的な配慮をおこない，同意を得た者のみを

---

[27] 化粧と衣服に関しては，適宜，具体的な例や補足説明を加えた。

調査対象とした。

結　果

データの予備的処理　化粧品，衣服の1年間の購入数の記述統計量をTable 11に示す。化粧と着装の装い行動の程度として，各化粧品または各衣服の購入数をそれぞれ標準化したうえで合計得点を算出し[28]「装い度」とした。また，痩身希求行動の実施期間を月単位に変換し，痩身希求行動の装い度とした。なお，痩身希求行動の平均実施期間は，1.0ヶ月（$SD=1.97$）であった。これらの装い度を，以降の分析に用いた。

Table 11　化粧品と衣服の1年間の購入数についての記述統計量

		M	SD	Me	Min	Max
化粧	アイブロー	0.8	0.84	1.0	0	4
	マスカラ	1.7	1.63	1.0	0	10
	アイライナー	0.8	0.88	1.0	0	4
	アイシャドー	1.2	1.29	1.0	0	6
	チーク	0.6	0.73	0.0	0	3
	口紅またはリップグロス	1.5	1.40	1.0	0	7
衣服	スカート	2.2	2.39	2.0	0	14
	パンツ	2.4	1.85	2.0	0	10
	トップス	6.7	4.72	5.0	0	20
	アウター	1.7	1.76	1.0	0	12
	インナー	4.1	3.75	3.0	0	20
	下着	4.3	3.46	3.0	0	20

28　化粧や衣服の購入数に関しては，上限などが決まっているわけではなく，そのままではその種類による購入数のバラツキが生じて問題となる。そのため，個々の購入数について標準化をおこない，その後，それらを加算するという方法を取った。なお，それぞれのα係数はともに.79であった。

各装い度と賞賛獲得・拒否回避欲求との関連

各装い度間のピアソンの積率相関係数をTable 12に示す。化粧行動と着装行動の間には中程度の関連が認められた（$r=.43, p<.001$）。痩身希求行動と化粧行動および着装行動の装い度間の関連は，5％水準で有意ではあったが，その強さは小さいものであった（それぞれ$r=.17, r=.13$）。

各装い度と賞賛獲得・拒否回避欲求尺度得点[29]とのピアソンの積率相関係数をTable 13に示す。また，賞賛獲得・拒否回避欲求尺度得点およびそれらの交互作用を説明変数，各装い度をそれぞれ目的変数とした重回帰分析の結果をあわせてTable 13に示す。各装い度と賞賛獲得欲求には弱い正の関連が認められ

Table 12 各装い度間のピアソンの積率相関係数

	化粧行動	着装行動	痩身希求行動
化粧行動	―		
着装行動	.43 ***	―	
痩身希求行動	.17 *	.13 *	―

注）$N=220, ***p<.001, *p<.05$

Table 13 各装い度を目的変数，賞賛獲得欲求尺度得点，拒否回避欲求尺度得点，および交互作用を説明変数とした重回帰分析結果

	賞賛獲得欲求（A）		拒否回避欲求（B）		(A) x (B)
	(r)	β	(r)	β	β
化粧行動					
$R=.24^{**}$	(.24) ***	.24 ***	(.06)	.01	−.02
着装行動					
$R=.20^{*}$	(.20) **	.21 **	(.01)	−.03	.01
痩身希求行動					
$R=.25^{**}$	(.25) ***	.25 ***	(.03)	−.01	.03

注）R：重相関係数　r：ピアソンの積率相関係数　β：標準偏回帰係数
$N=220, ***p<.001, **p<.01, *p<.05$

29　賞賛獲得欲求尺度得点の平均値は27.0，標準偏差は6.61であり，拒否回避欲求尺度得点の平均値は30.2，標準偏差は7.29であった。

たが，拒否回避欲求には関連が認められなかった。また，交互作用は認められなかった。それらは各装いにおいて同様であった。

次に，装いのパターンと賞賛獲得・拒否回避欲求との関連について検討をおこなった。各装い度を用いて，ケースを階層的クラスター分析（ウォード法，ユークリッド距離）にて分類したところ，デンドログラムから4つに分類可能と考えられた。そこで，クラスター数を4に指定し，非階層的クラスター分析（k-means法）を用いて分類をおこなった。結果，すべての装い度が平均以下（CL 1），化粧行動の装い度が高く他は平均近く（CL 2），着装行動の装い度が高く他は平均近く（CL 3），痩身希求行動の装い度が高く他は平均近く（CL 4），の4つに分類されることが確認された（Figure 9）。

各クラスターにおける賞賛獲得・拒否回避欲求尺度得点の平均値，標準偏差をTable 14に示す。また，各クラスターを独立変数，尺度得点を従属変数とした分散分析と多重比較（シェッフェ法）の結果もあわせてTable 14に示す。賞賛獲得欲求尺度得点に関しては，CL 2，CL 3，およびCL 4群がCL 1に比し有意に高値であった。拒否回避欲求尺度得点に関しては，各群間にて有意差は認められなかった。

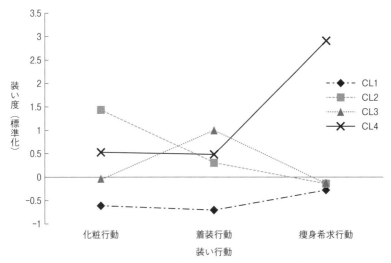

Figure 9　クラスター分析による装い度における分類結果

Table 14 各クラスターにおける賞賛獲得・拒否回避欲求尺度得点の平均値，標準偏差，および多重比較の結果

	賞賛獲得欲求		拒否回避欲求		N
	M	SD	M	SD	
CL 1	25.2	6.55	29.7	6.92	105
CL 2	28.5	5.92	31.1	7.28	42
CL 3	28.1	6.85	30.4	7.86	58
CL 4	31.3	3.83	30.6	8.01	15
F (3, 216)	6.54 ***		0.43		
多重比較	CL 1 ＜ CL 2 *, CL 3 *, CL 4 **				

注）$N=220$, ***$p<.001$, **$p<.01$, *$p<.05$

考察

　本研究は，痩身希求行動と賞賛獲得・拒否回避欲求との関連について，他の装い行動，具体的には化粧と着装行動との対比から明らかにすることを目的とした。相関分析および重回帰分析の結果から，賞賛獲得欲求がすべての装いに共通して関連していることが認められ，さらにその関連の強さは同程度であることが明らかになった。また，拒否回避欲求はすべての装いにおいて，関連していないことが示された。つまり，化粧や着装行動，そして痩身希求行動という装いの背景には，直接的には賞賛獲得を目的とした欲求があると言える。また，賞賛獲得・拒否回避欲求という点では，痩身希求行動は他の装いと同様の関連の仕方をしていることが確認された。このことから，痩身が装いの一つであることが確認できたと考えられる。ところで，今回は，賞賛獲得・拒否回避欲求と装い行動の直接的な関連のみを検討している。拒否回避欲求と装い行動に関連は見受けられなかったが，他の要因に媒介され拒否回避欲求も装い行動に影響している可能性も残る。この点は，検討を進める必要がある。

　ところで，クラスター分析の結果から，興味深い知見が得られた。特定の装い度が高い群は，その装いが何であろうが，全般的に装い度が低い群よりも賞賛獲得欲求が高いことが示された。各装い度間の相関関係の値の小さいことも併せて考えると，それぞれの装い度は必ずしも連動しておらず，1つでも装い度が高ければ賞賛獲得欲求が高いということができる。つまりこのことは，賞

賛獲得欲求が高い人は，自分の興味・関心，または状態に応じて，戦略的そして戦術的に装いを選択しているということを示唆していると考えられる。たとえば，「痩せた方がいろいろな服を選べるから，まず痩せないと」や「化粧品はとりあえずそろったから今度は新しい服を買おう」といった行動が日常生活において生じている可能性がある。第4章において，痩身が他の装いの前提条件としての位置づけを有していることが示されているが，今回の結果も，そのことを支持していると言えよう。

　この，ある特定の装いが他の装いの前提条件になるという現象についての検討は，痩身のみならず装いの心理的機序の解明に有用と考えられる。賞賛獲得欲求の高い者が，どのような要因により特定の装いを選択しているのか，また，賞賛獲得欲求以外に他のどのような要因が関連しているのか，そして，どのような状況が特定の装いに関連しているのか，今回扱わなかった種類の装いも含め，検討することが有用であろう。

第Ⅲ部

痩身の印象管理モデル

　第Ⅲ部においては，痩身の背景にある印象管理のプロセスについてのモデルを呈示し，そのモデルの妥当性の検討をおこなう。また，そのモデルの精査もおこなう。第Ⅱ部において，痩身を装いの一つとして扱いうることが確認された。このことにより，痩身や痩身希求行動について，装いの背景にある心理的プロセスを援用した解明が可能性であることが示唆されたと言える。さらに，第Ⅱ部においては，痩身の背景には心理的機能の一つである対他的機能が存在し，それが痩身願望と関連することも確認されている。対他的機能は印象管理と密接に関連している。以上のことから，痩身の背景にある心理プロセスを印象管理の観点から扱い検討することが可能と考えられる。この新しい観点からの検討により，これまでにない知見を見出すことができると期待される。

第6章　痩身の印象管理モデルについての概念的検討

第1節　痩身における対他的機能

　第2章でまとめたように，装いの背景には，自分の目をとおした働きと，他者の目をとおした働きが存在する。つまり，対自的機能と対他的機能が存在する。自分の目をとおした働きと他者の目をとおした働きは，独立したプロセスではなく，相互に影響し合っていると考えられ，必ずしも，どちらか一方のみの影響しか存在しないわけではない。両方向の影響，つまり，相互作用を想定する必要がある。

　しかし，現段階では，装いや痩身に関して両者の相互作用についての検討が十分おこなわれているとは言い難い。そもそも，対自と対他のそれぞれのプロセス自体の検証もおこなわれていない状況にある。このような状況では，一つ一つ段階的に扱って明らかにしていく必要がある。

　そこで本書では，装いの心理的機能の一つである他者の目をとおした働き—対他的機能—について検討することとする。先にも述べたように，社会に所属することは重要である（Baumeister & Leary, 1995）。そして，他者に対して望ましい印象を伝えるために装いは用いられ（Leary & Miller, 2000），そこには印象管理というプロセスが存在している（大坊，1992；Kaiser, 1985）。つまり，社会から受容されるには，装いの対他的機能を有効に働かせる必要がある。

　装いに印象管理というプロセスが存在することから，痩身にも同様のプロセスが存在すると想定される。実際，杉森（1999）や松本他（2001）の痩身によるメリットなどについて尋ねた自由記述によって得られたデータには，他者

からの承認という,他者の目をとおした働きに対応したものが含まれている。第4章においても,体型結果予期には他者の目をとおした働きに対応する内容が含まれていることが明らかになっている。そこで,対他的機能について,印象管理の観点からの検討をおこないそのメカニズムを明らかにする。このことが可能となれば,次は,自分の目をとおした働きである対自的機能の解明に進むことができ,最終的にはその相互作用も含め,痩身の背景にある心理的機序の解明に寄与できるであろう。

第2節 印象管理における欲求と効力感

　印象管理に関する要因としては,その欲求と効力感が扱われることが多い。それぞれ,印象管理の欲求(自己呈示欲求),また,印象管理の効力感などと言われている。これらについて,これまでの印象管理の研究では,部分的にのみ扱われている。

　印象管理の欲求は,他者に特定の印象を与えようとする動機のことである。他者からの賞賛の獲得や他者からの拒否の回避を目的として印象管理はおこなわれる。つまり,他者に受け入れられるため,もしくは拒絶されないために他者に与える印象をコントロールしようとする。その背景には,他者に受け入れられたいという,より基本的な欲求があるとされている。他者からの承認が生存や遺伝子継承のために有用である(Baumeister & Leary, 1995)ことが理由として挙げられている。

　印象管理の効力感は,印象管理がどのくらいうまくいくかという感覚のことであり,主観的確率と言い換えることも可能である。印象管理の一つであり他者から好意的な印象で見られることを目的とする方略である「取り入り」には,3つの要因がある。その中には「主観的成功確率」と言われるものがある(安藤,1994)。これは,自分がおこなおうとしている取り入りという行動が成功するかどうかについての本人の評価である。また,Leary(1983)の提示した,対人不安の自己呈示モデルにおいて,自己呈示に成功する主観的確率が扱われている。このモデルにおいては,対人不安は,自己呈示欲求と自己呈示に成功する主観的確率の積の関数としてその程度が予測される。このように,相手に

どの程度印象を与えることができるかという印象管理の効力感も，印象管理のプロセスにおいて重要な位置づけを有している。

本研究では，印象管理の枠組みによる「痩身の印象管理モデル」の構築および検討を目的とする。このモデルは，痩身を目的として行われる痩身希求行動の背景にある印象管理の心的プロセスを示す。この痩身の印象管理モデルでは，賞賛獲得・拒否回避欲求と体型による印象管理についての予期（以降，「体型印象管理予期」）[30]の2つをモデル内の主要な要素として扱うこととする。従来の対人不安の研究（佐々木他，2001，2005）において，自己呈示欲求と対人不安や羞恥心との関連が検討されているが，対人不安や羞恥心は，結果として生じた感情であるのに対し，痩身を含む装いは，印象管理を目的として主体的におこなう行為であるという違いもある。このように，これまで印象管理の文脈で扱われてきた他の現象についてのモデルをそのまま痩身に適用することは難しい。そのため，独自のモデルを構築する必要性がある。

第3節　痩身の印象管理モデルにおける欲求と効力感─賞賛獲得・拒否回避欲求と体型印象管理予期─

先述のとおり，痩身の印象管理モデルにおいて，印象管理の欲求としては，賞賛獲得・拒否回避欲求を扱うこととする。印象管理には，他者がもつ印象をコントロールしようと人々を動機づけるプロセスがある。そして，承認欲求は印象管理への動機づけを高める要因とされている（Leary & Miller, 2000）。つまり，承認欲求の影響を受けて印象管理のための行動がおこなわれる。なお，賞賛獲得・拒否回避欲求は，印象管理におけるポジティブな結果の獲得とネガティブな結果の回避という2つの目的（Arkin, 1981; 菅原，2004）にそれぞれ対応し（菅原，1986），両欲求は様々な事象と関連していること，また，それぞれ異なった関連の仕方をすることが示されている（e.g., 馬場・菅原，

---

[30] 本書では，体型による印象管理の効力感に対応する内容を「体型印象管理予期」と表現する。しかし，先行研究にふれる際には，そこで使用された用語（「印象管理の効力感」や「主観的成功確率」など）を使用する。なお，本書では，コストというネガティブな側面についても扱うことから，あえて，「効力感」ではなく「予期」という用語にした。

2000；小島他，2003；佐々木他，2001，2005；菅原，1986，1998；浦上他，2009）。本研究においても，この2つの欲求を扱うこととする。

　なお，第3章においてすでに，賞賛獲得・拒否回避欲求と痩身希求行動との関連性については確認がなされている。そこでは，賞賛獲得欲求は痩身希求行動と正に関連すること，また，拒否回避欲求は痩身希求行動と関連しないことが示されている。拒否回避欲求については，痩身願望に関連がないとする研究もあれば（馬場・菅原，2000），関連があるとする研究もある（浦上他，2009）。本研究では，最終的なモデルを作成のために，拒否回避欲求も扱い，賞賛獲得欲求と拒否回避欲求がどのように，また，どの程度，痩身願望に影響を及ぼしているのか，改めて両者を扱い検討をおこなう。

　印象管理の効力感としては，体型印象管理予期を扱うことにする。体型印象管理予期は，体型によってどのくらい印象管理を行えるかという予期であり，取り入り（安藤，1994）や対人不安（Leary, 1983）などの印象管理の研究で言及されている印象管理の効力感"self-presentational outcome expectancy"（Leary & Kowalski, 1990）の体型に限定されたものと言える。体型によって印象が変化すると予期するほど体型変化を望むと考えられる。つまり，体型印象管理予期が痩身願望に影響していると想定する。

　本書では，この体型印象管理予期について，痩身によりポジティブな評価が得られるとする予期（以降，体型ポジティブ印象予期）と，現在の体型（非痩身）によりネガティブな評価が得られるとする予期（以降，体型ネガティブ印象予期）の2つを扱う。印象管理の2つの目的（Arkin, 1981；菅原，2004）に対応し，今回扱う体型印象管理予期も，印象管理の枠組みの中で2つの側面に分類できると考えられる。

　体型印象管理予期に類似したものはこれまでも扱われており，上述のような2つの側面に分けて扱われることもある。しかし，体型結果予期について第4章で言及したような問題が，体型印象管理予期にも同様に存在する。そのため，従来の内容をそのまま今回のモデルに適用することはできない。例えば，馬場・菅原（2000）や浦上他（2009）などでは，痩身に対するメリット感や現体型に対するデメリット感として，ポジティブとネガティブの2つの内容に分けて扱っているが，印象管理の文脈での検討ではないため，性格や人生などの異な

る内容が一つにまとめて扱われており，体型についての他者からの評価に内容が限定されてはいない。今回は，印象管理の観点から検討するため，あくまでも他者からの評価に内容を限定して扱う必要がある。

印象管理の文脈で適切な内容を扱いモデルに組み込むことが，プロセスの明確化にとって重要である。装いの一つである日焼けを扱ったLeary et al.（1997）やLeary & Jones（1993）は，公的自己意識やどのくらい外見がインパクトがあるかという内容を，外見動機づけとして扱っている。これらは，印象管理の要素そのものではなく，また，領域固有でないという問題もある。エクササイズと印象管理についての研究はおこなわれているが，あくまでもエクササイズをおこなうこと自体の印象管理について扱っており（e.g., Gammage et al., 2004；Hausenblas et al., 2004；Leary, 1992），引き締まった体型や痩せた体型そのものによる印象管理について扱っているわけではない。McVey, Pepler, Davis, Flett, & Abdolell（2002）においては，外見の重要度および効力感と食の問題との関連を検討し，重要度が大きく，かつ，効力感が低い時に，食の問題の程度が大きいことを報告している。しかし，ここでの重要度と効力感は痩身に限定されたものではない。このように，従来の内容には問題があるため，痩身の印象管理モデルに適した内容を扱う必要がある。

痩身の印象管理モデルに適した内容は，実はすでに本書の中で扱っている。体型印象管理予期は，第4章で扱った「体型結果予期」に含まれている。体型結果予期には様々な側面があるが，その中の，「同性からの評価」および「異性からの評価」がそれに該当する。体型ポジティブ結果予期と体型ネガティブ結果予期のどちらにおいても，「同性からの評価」と「異性からの評価」が痩身願望と正の関連を有していることが明らかにされている。痩身の印象管理モデルにおいては，この両者を改めて扱う。

第4節　痩身の印象管理モデルの構造

賞賛獲得・拒否回避欲求と体型印象管理予期については，欲求と目的の対応関係に鑑み，痩身願望にいたる2つのルートを想定する。賞賛獲得欲求と体型ポジティブ印象予期からなる肯定的な評価の獲得に関するルートと，拒否回避

欲求と体型ネガティブ印象予期からなる否定的な評価の回避に関するルートである。2つのルートを明確に弁別することにより、プロセスが明確になると考えられる。

どちらのルートにおいても、体型により他者に与える印象をコントロールできると考えるほど、また、印象管理の動機づけが強いほど、痩身願望が強いと考えられる。痩身願望を規定する要因のすべてが他者の目をとおした働きによって生じるものではないであろうが、少なくとも、体型印象管理予期が強いほど、痩身願望が強くなると考えることは自然である。また、これまでの研究でも示されてきたように、賞賛獲得・拒否回避欲求は痩身願望に関連している（e.g., 馬場・菅原, 2000, 浦上他, 2009）。痩身による印象管理がおこなわれているのであれば、そこに、印象管理の動機づけに対応する賞賛獲得・拒否回避欲求が要因として存在し、それが強いほど痩身願望が強くなると考えられる。

モデルにおいては、痩身願望が痩身希求行動に影響するというプロセスが想定される。痩身願望が強いほどそれを達成するための痩身希求行動をおこなうと言える（e.g., 中村他, 2005 ; Strong & Huon, 1997）。逆に言えば、痩身希求行動をおこなう場合は痩身願望も強いということである。このことは、そもそも、痩身希求行動を動機づけているのが痩身願望であることからも自明の理と言えよう。

ところで、このモデルにおいて、賞賛獲得・拒否回避欲求と体型印象管理予期をどのように位置づけるかが問題となる。一つの可能性として、賞賛獲得・拒否回避欲求が体型印象管理予期に媒介されて痩身願望に影響を与えているモデルが考えられる。つまり、賞賛獲得・拒否回避欲求が痩身願望に直接に影響を与えているのではなく、体型印象管理予期に媒介されて痩身願望に影響を与えるという内容である。今回扱う賞賛獲得・拒否回避欲求は、外見、または体型に限定された欲求ではなく、より広い範囲での他者の承認を目的とした欲求である。そのことを考慮すると、賞賛獲得・拒否回避欲求と痩身願望との間に直接的な関係性を仮定せず、賞賛獲得・拒否回避欲求をプロセスの先の側に位置づけることが可能である。なお、馬場・菅原（2000）や浦上他（2009）においても、賞賛獲得・拒否回避欲求をモデル内で原因側に設定し、メリット感などを経由して痩身願望へと影響を及ぼしているというプロセスを検討してい

る。もう一つの可能性として，体型印象管理予期が賞賛獲得・拒否回避欲求を調整して痩身願望に影響を与えているモデルが考えられる。Leary（1983）における対人不安の自己呈示モデルは，印象管理の欲求と効力感の交互作用を仮定している。そして，佐々木他（2005）は，羞恥心について検討する際に，賞賛獲得・拒否回避欲求を印象管理の欲求として用いて，印象管理の効力感との間に交互作用があることを示している。しかしそれは，対人不安についてのものであり，痩身の印象管理モデルにも適応可能かは不明である。そこで，体型印象管理予期が媒介要因となるのか，調整要因となるのかを確認したうえで，最終的なモデルを構築することとする。

なお，印象を与える他者について，本書ではいくつかの種類の対象について扱うことにする。第2章でも述べたように，印象管理はすべての相手に対して同様におこなわれるわけではなく，親密度や性別が印象管理に影響を及ぼす可能性が言及されている（Leary, 1983；Leary & Miller, 2000）。そして，実証的検討（e.g., 佐々木他，2005；Leary et al., 1994a；Guerrero, 1997，谷口・大坊，2005）もおこなわれ，印象を与える対象の種類によって印象管理の程度が異なることが示されている。つまり，相手の性別や親密度によって，印象管理の欲求や効力感は異なってくる。装いにおいても，対象の種類により印象管理の程度が異なることが示されている（Daly et al., 1983；谷口，2007）。これらを考慮すると，体型による印象管理においても，他の印象管理の諸要因と同様に，他者の種類の影響が存在する可能性が考えられる。

まず，対象の性別という要因が重要と考えられる。印象管理における異性の影響（Leary & Miller, 2000）だけでなく，痩身願望への異性の評価による圧力（e.g., 浅野，1996）などがこれまで言及されており，体型についての異性からの評価への意識が重要視されている。また，女性が想定する同性が魅力的と考えている体型は，女性が想定する異性が魅力的と考えている体型よりも痩せていることが明らかにされており（鈴木，2014），同性間の評価の方が厳しいことも示唆されている。このことを考慮すると，例えば，ある程度の痩身体型であっても同性からは異性ほどには良い評価を得られないと認識している可能性もある。従来の装いの研究においては，印象管理についての研究そのものが少なく，評価する他者の性別の影響についてはほとんど扱われていない。し

かし，異性は価値ある社会的報酬を与える地位におり，また，異性関係における成功は，周りに自分の社会的価値を示すことになるため（Leary, 1983），同性よりも異性に望ましい印象を与えることに関心がある（Leary & Miller, 2000）ことを考慮すると，痩身においても同様のことが言える可能性はある。しかし，あくまでも関心の程度と可能性の見積は別である。そこで，性差については，探索的に検討する。

　また，親密度による違いが確認される可能性が考えられる。日本においては，他者との関係性においてミウチ，セケン，タニンという構造があること，そして，セケンが重要であることが指摘されている（井上，1977；菅原，2005）。このセケンは半知りとも言い，印象管理の枠組みで羞恥心を検討した佐々木他（2005）などにおいても，重要なポイントとして扱われている。印象管理の枠組みで痩身を扱う際にも，この半知りという対象を設定し検討することは有用と考えられる。

　印象管理がおこなわれるには，まず他者の視線を意識し，さらに，他者がどのような印象を抱くかを意識することが前提となる。体型についての他者からの評価に対する意識に目を向けてみると，女性はすれ違う人に対してさえも痩せたらきれいだと思われるというメリット意識を有しており（羽鳥，1999），親密度が低い対象からの評価も意識していることが示されている。また，他者との関係性において半知りとの関係性が重要であり（井上，1977；菅原，2005），友人や見知らぬ人ではなく顔見知りの人のまなざしへの意識が痩身願望と関連し，必ずしも親密さと評価に対する意識の程度には直線的な関係があるわけではないことも示されている（菅原・馬場，2001）。これらを考慮すると，女性は親密度が低い他者であってもその視線を意識はするが，半知りの人に対して特に評価を意識している可能性が示唆される。痩身の印象管理のプロセスには，親密度によるこれらの差異が反映されている可能性が考えられる。

　そこで，親密度の違いについては，半知りという対象を設定し検討する。半知りはミウチである友人ほどには評価が固定していない関係性であるために，基本的には半知りに対しては最も印象管理予期が喚起されると考えられる。また，タニンに該当する見知らぬ人々においては，半知りほどには印象管理予期は喚起されないと考えられるが，女性が幅広い範囲の対象の目を意識している

ことを考慮すると，友人や知人に比べ必ずしもその喚起が弱いわけではないと想定される。

なお，異性は同性と異なり親密になるにつれ関係は安定するわけではないことから，印象管理の動機づけは低下しないとされている（Leary et al., 1994a）。しかし，今回扱うのは体型印象管理予期であり，印象管理の動機づけと同じパターンが想定されるべきものではない。今回の研究で得られたパターンは，痩身願望の背景機序におけるミウチ，セケン，タニンといった対象の親密度と対象の性別といった要因の複合的な影響についての知見を提供すると考えられる。

ところで，体型は化粧や着装の装いと異なり，場面場面で手軽に変化させることは不可能である。基本的には，体型は比較的長い期間安定している。そのため，言語や化粧などの装いと異なり，体型はその性質上，呈示する場面や相手により短期的に変化させて印象管理をおこなうことは難しい。痩身という装いが達成されるには，比較的長い間の痩身希求行動の積み重ねが必要であり，それは，日々の痩身願望によって維持されているといえる。そして，そこには印象管理に関わる諸要因の存在とその働きが想定される。つまり，痩身による装いは，印象管理に関わる諸要因による短期的なプロセスの積み重ねによって維持された長期的なプロセスの結果として生じるものと言える。

そこで，対象による差異が場面によって異なるかについてもあわせて検討する。菅原・馬場（2001）により，体型のこだわりと痩身願望の関連が，場面によって異なっていることが知られている。また，肌が露出されるような状況では，身体が他者から見られるものという意識が喚起されることも指摘されている（Fredrickson, Roberts, Noll, Quinn, & Twenge, 1998）。これらを考慮すると，体型印象管理予期の程度が場面で異なっている可能性が考えられる。特に身体に対する意識が喚起されやすいか否かが影響を有する可能性が考えられる。

さらに，体型印象予期が痩身願望へ及ぼす影響について，どのような個人にとっても同様なのか，その点についても検討する。特定の特徴を有する人にとっては，その影響の仕方が異なる可能性もある。例えば，自尊感情の程度によって，肯定的な印象の獲得のために接近志向するか，否定的な印象を回避するた

めに回避志向するかが異なるという説もある (Baumeister, Tice, & Hutton, 1989)。このように,個人の特性によって,体型への賞賛への接近,体型への拒否からの回避の程度が異なってくる可能性があるため,いくつかの特徴を調整要因として扱い,体型印象管理予期の2側面と痩身願望との関連性についてさらに検討をおこなう。その際,他者からの受容を中心として検討を進める。

第5節　第6章のまとめおよび次章以降の実証研究の展開

　ここまで述べてきたように,印象を与える相手の性別や親密度,そして場面によって印象管理の背景の諸要因の影響が異なっていることが想定されるため,痩身の印象管理モデルを検討するにあたり,それぞれの要因を考慮して検討を進めていく。つまり,性別や親密度,さらに,場面という要因を考慮したうえでそれらの影響を検討し,モデル構築とその検討をおこなう。まず,モデルの構築をおこなう。その際,同性と異性についての区別をおこない,評価する側である他者の性別の影響を考慮し検討する。また,親密さという要因についても考慮し,親密度が異なる他者の影響についても検討する。その際,場面の影響についても検討する。さらに,社会からの受容という調整要因を扱い,諸要因間の影響についてさらに検討を深めることにする。

　以上の内容をふまえ,第Ⅲ部の実証研究の構成を以下のようにする。痩身の印象管理モデル全体について,性別という要因も考慮したうえで検討する(第7章)。その際,体型印象管理予期が賞賛獲得欲求および拒否回避欲求と痩身願望の関連において媒介要因となっているのか調整要因となっているのかを確認したうえでモデルを構築する。次に,他者からの受容という要因が,どのようにモデル内の関連に影響を及ぼすか検討する(第8章,第9章)。その後,体型印象管理予期に焦点をあて,他者の親密度と場面について考慮したうえでモデルの精査をおこなう(第10章)。これら一連の研究をとおして,痩身の印象管理モデルの検討を深め,痩身の背景にある印象管理のプロセスについて明らかにする。

第7章 痩身の印象管理モデルの検証―基本モデルの検討―

第1節 問　題

　研究5では，痩身の印象管理モデルの基本モデルについての検討をおこなう。このモデルにおいて，印象管理の効力感に対応するものとして体型印象管理予期を，印象管理の欲求に対応するものとして賞賛獲得・拒否回避欲求を扱う。そしてその両者が，痩身願望を経て痩身希求行動へいたるというモデルについて検討をおこなう。

　それに先だち，体型印象管理予期が，賞賛獲得・拒否回避欲求と痩身願望の媒介要因となっているのか調整要因となっているのかについて確認する。先述のように，Leary（1983）の対人不安の自己呈示モデルにおいては，自己呈示に対する欲求と自己呈示に成功する主観的確率の積の関数として対人不安の程度が予測される。痩身の印象管理モデルにおいても，両者の積として成り立つ可能性はある。つまり，体型印象管理予期が調整要因となる可能性である。そこで，調整要因としての検討をおこなう。ただし，媒介要因としての検討も必要である。研究4において，拒否回避欲求は痩身希求行動と関連していないことが示されている。また，馬場・菅原（2000）においても，痩身願望に直接に関連しているのは賞賛獲得欲求だけであることが示されている。しかし，馬場・菅原（2000）において，他者の評価に関連した内容のみを扱っているわけではないが，「デメリット感」が「メリット感」を経由して痩身願望へ影響していることが示されている。これらを考慮すると，拒否回避欲求が体型ネガティブ印象予期を経由して痩身願望に影響を与えている可能性もある。そのため，媒介要因としての検討をおこなうことは有用と考えられる。

その際，欲求と目的の対応関係に鑑み，賞賛獲得欲求と体型ポジティブ印象予期の肯定的な評価の獲得に関するルートと，拒否回避欲求と体型ネガティブ印象予期の否定的な評価の回避に関するルートを設定する。調整であっても，媒介であっても，それぞれのセット内での関連性とし，両セットを別にすることにより，痩身願望，ひいては痩身希求行動へといたるプロセスを明確にすることができると期待される。

　モデルの最後では，痩身願望から痩身希求行動への影響を想定する。痩身希求行動は痩身を達成するための行動である。そして，痩身希求行動を動機づける主要な要因が痩身願望である（馬場・菅原，2000）。そのため，痩身願望が強いほど痩身希求行動がおこなわれると考えられる。

　なお，本研究では，体型印象管理予期について，評価する他者の性別の影響も考慮し検討する。印象管理はすべての相手に対して同様におこなわれるわけではない（Leary & Miller, 2000）。相手の性別によって体型印象管理予期の影響の程度が異なる可能性もあるため，研究5ではその点も検討する。

第2節　研究5

目　　的

　体型印象管理予期が賞賛獲得・拒否回避欲求と痩身願望の調整要因となっているのか媒介要因となっているのか確認したうえで，それらが最終的に痩身願望を経て痩身希求行動へいたるというモデルについて検討をおこなう。なお，印象を与える他者の性別についても考慮し，性別という要因をモデルに組み込み検討する。

方　　法

　対　　象　関東圏の4つの女子大学の学生および看護学校の女子学生の計640名を対象とした。体重等の回答に欠損がある者，もしくは現在よりも大きい体重を理想としている者[31]，また，年齢が30歳以上の者[32]，を除いた458名（平

31　脚注23（p.65）と同様の理由による。

均20.3歳,標準偏差1.95)のデータを以降の分析に用いた。平均BMIは20.55,標準偏差は2.34であった。

調査票 (a) 賞賛獲得・拒否回避欲求尺度(小島他,2003):印象管理の背景にある承認欲求の2側面である賞賛獲得欲求と拒否回避欲求を測定する自記式の尺度であり,それぞれ9項目から構成されている。「1.あてはまらない」から「5.あてはまる」の5件法で回答を求めた。(b) 体型ポジティブ印象予期・体型ネガティブ印象予期の項目:体型結果予期の尺度(研究3)の中の,他者からの評価に関連する4つの下位尺度を扱った。体型ポジティブ印象予期の「同性からの評価(以降,「ポジ・同性」)」,および「異性からの評価(以降,「ポジ・異性」)」,また,体型ネガティブ印象予期の「同性からの評価(以降,「ネガ・同性」)」,および「異性からの評価(以降,「ネガ・異性」)」の4つである。なお,各下位尺度は4つの項目から構成されている。ポジ・同性の項目は「同性からうらやましがられる」「同性からほめられる」「同性受けが良くなる」「同性から注目される」の4つである。ポジ・異性の項目は,「異性の注目をひくことができる」「異性から好かれる」「異性からほめられる」「異性にデートに誘われる」の4つである。ネガ・同性の項目「同性受けが良くない」「同性に注目されない」「同性に良い印象をもってもらえない」「同性に高い評価をもらえない」の4つである。ネガ・異性の項目は,「異性受けがよくない」「異性の注目をひけない」「異性にモテない」「異性にほめてもらえない」の4つである。これらの項目について,「1.まったくそう思っていない」から「6.とてもそう思っている」の6件法で回答を求めた。(c) 痩身願望尺度(馬場・菅原,2000):痩身願望の程度を測定するための尺度であり11項目からなる。「1.まったくあてはまらない」から「5.非常にあてはまる」の5件法で回答を求めた。(d) 痩身希求行動の経験:痩身希求行動をおこなっていた程度や期間について尋ねた。この1年間に何度ダイエットを試みたか(ダイエット回数),そして,1年間のうちどのくらいの期間ダイエットを試みていたか(ダイエット期間)についてそれぞれ尋ねた。なお,期間については,週単位に変換した後に分析に用いた。

前ページ32 脚注24(p.65)と同様の理由による。

時　　期　2005年11月から12月に実施した。

実施方法　主に講義中に実施した。倫理的な配慮について説明し，同意を得た者のみを調査対象とした。

結　果

各尺度得点および項目得点の平均値および標準偏差をTable 15に，また，それらのピアソンの積率相関係数もあわせてTable 15に示す。

まず，体型印象管理予期が調整要因となる可能性について検討した。賞賛獲得欲求得点とポジ・同性得点および交互作用項を独立変数，痩身願望得点を従属変数とした重回帰分析の結果，交互作用項は有意ではないことが示された（$\beta = -.00$, $n.s.$）。また，賞賛獲得欲求得点とポジ・異性得点，拒否回避欲求得点とネガ・同性得点，そして，拒否回避欲求得点とネガ・異性得点の組み合わせにおいても，交互作用が有意でないことが示された（それぞれ，$\beta = -.01$, $\beta = .02$, $\beta = -.01$, すべて$n.s.$）。したがって，体型印象管理予期は調整要因ではないと判断した。

次に，体型印象管理予期が媒介要因となる可能性について検討した。ポジ・同性を賞賛獲得欲求と痩身願望の媒介変数とした媒介分析の結果，賞賛獲得欲求から痩身願望へのパスが.28から.20へと変化し，Sobel検定の結果も$Z = 4.59$, $p < .001$で有意であった。ポジ・異性を賞賛獲得欲求と痩身願望の媒介変数と

Table 15　各変数の記述統計量および，各変数間のピアソンの積率相関係数

	M	SD	\multicolumn{8}{c}{ピアソンの積率相関係数}							
			2	3	4	5	6	7	8	9
1．賞賛獲得欲求尺度得点	27.19	6.78	.24***	.30***	.32***	.11*	.11*	.28***	.06	.05
2．拒否回避欲求尺度得点	31.64	7.42	—	.28***	.20***	.17***	.24***	.24***	.07	.02
3．ポジ・同性得点	15.15	4.54		—	.68***	.30***	.33***	.35***	.13**	.10*
4．ポジ・異性得点	14.24	4.98			—	.31***	.42***	.37***	.14**	.09
5．ネガ・同性得点	10.63	4.36				—	.60***	.34***	.06	.07
6．ネガ・異性得点	13.32	5.39					—	.38***	.10*	.17***
7．痩身願望尺度得点	34.30	10.38						—	.44***	.38***
8．ダイエット回数	1.00	1.52							—	.40***
9．ダイエット期間	1.46	2.84								—

注）$N = 458$, *$p < .05$, **$p < .01$, ***$p < .001$

した媒介分析の結果，賞賛獲得欲求から痩身願望へのパスが.28から.18へと変化し，Sobel検定の結果も$Z=5.00$，$p<.001$で有意であった。ネガ・同性を拒否会費欲求と痩身願望の媒介変数とした媒介分析の結果，賞賛獲得欲求から痩身願望へのパスが.24から.19へと変化し，Sobel検定の結果も$Z=3.28$，$p<.01$で有意であった。ネガ・異性を拒否回避欲求と痩身願望の媒介変数とした媒介分析の結果，賞賛獲得欲求から痩身願望へのパスが.24から.16へと変化し，Sobel検定の結果も$Z=4.35$，$p<.001$で有意であった。したがって，体型印象管理予期は媒介要因であると判断し，分析を進めることとした。

　これらの結果を踏まえ，賞賛獲得欲求からポジ・同性とポジ・異性へのパス，拒否回避欲求からネガ・同性とネガ・異性へのパス，また，ポジ・同性とポジ・異性，およびネガ・同性とネガ・異性から痩身願望へのパス，そして，痩身願望から痩身希求行動へのパスを設定したモデル（model 1）を設定し，構造方程式モデリングにて検討した。なお，賞賛獲得欲求尺度，拒否回避欲求尺度，そして痩身願望尺度については，潜在変数に対応する顕在変数が多いために複数の項目をまとめた新しい変数を作成し（Item Parceling, e.g., Bandalos, 2002）分析に使用した。

　すべてのパスが有意であったが，モデル全体の適合度は，$GFI=.822$，$CFI=.890$，$RMSEA=.086$，$AIC=1491.893$であり，十分な値ではなかった。また，データからは，体型ポジティブ印象予期および体型ネガティブ印象予期の両者において，他者の性別という要因の影響が見られない可能性が示された。それは以下の3点による。(a) ポジ・同性とポジ・異性，また，ネガ・同性とネガ・異性の間に強い相関関係（$r=.67$，および.61）が認められる。(b) 賞賛獲得欲求からポジ・同性およびポジ・異性へのパスの値，また，拒否回避欲求からネガ・同性およびネガ・異性へのパスの値に大きな違いは認められない。(c) ポジ・同性とポジ・異性から痩身願望へのパスの値，ネガ・同性とネガ・異性から痩身願望へのパスの値がそれぞれ同程度である。なお，修正指標からも，ポジ・同性とポジ・異性の攪乱要因間と，ネガ・同性とネガ・異性の攪乱要因間に共分散を設定した方が，モデルが改善されることが示された。

　そこで，体型ポジティブ印象予期と体型ネガティブ印象予期のそれぞれにおいて，同性と異性を分けずに他者としてひとくくりにした潜在変数を設定し，

賞賛獲得欲求と痩身願望，また，拒否回避欲求と痩身願望の間に配置したモデル（model 2）について，構造方程式モデリングにて検討をおこなった（Figure 11）。モデル全体の適合度は$GFI = .933$, $CFI = .949$, $RMSEA = .068$, $AIC = 333.241$であり，比較的良い値であった。さらに，潜在変数間のパスはすべて0.1％水準で有意であった。これらの結果から，model 2 は支持されたと考えられた。潜在変数から顕在変数へのパスの値はTable 16に示す。

考　察

　研究5においては，痩身の印象管理モデルの基本モデルについて検討をおこなった。はじめに，体型印象管理予期が調整要因ではなく媒介要因であることを確認した。そのうえで，賞賛獲得・拒否回避欲求が体型印象管理予期に影響を与え，それがさらに痩身願望に影響し，そして，最終的には痩身願望は痩身希求行動に影響を与えるという内容のモデルについて検討した。痩身の印象管理モデルの概要をFigure 12に示す。

　このプロセスにおいて，体型印象管理予期を経由する2つのルートの存在が明確になった。第1は，賞賛獲得欲求が体型ポジティブ印象予期を経由して痩身願望に影響するルートである。研究4や従来の研究（e.g., 馬場・菅原，2000）と同様に，賞賛獲得欲求が痩身願望や痩身希求行動の重要な促進要因であることが確認された。また，賞賛獲得欲求の影響が，体型印象管理予期により体型に関連する内容に限定されて痩身願望に及ぶことが示された。第2は，拒否回避欲求が体型ネガティブ印象予期を経由して痩身願望に影響するルート

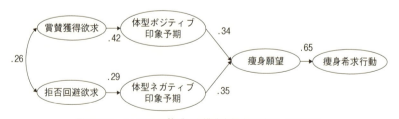

Figure 11　model 2 に基づいた構造方程式モデリングの結果

注）$GFI = .933$, $CFI = .949$, $RMSEA = .068$, $AIC = 333.241$
　　パス係数はすべて0.1％水準で有意。顕在変数および誤差変数は省略。

Table 16 model 2 における潜在変数から顕在変数へのパス係数

潜在変数と顕在変数	標準化された パス係数
賞賛獲得欲求	
賞賛獲得欲求尺度得点 1	.844 ⁻
賞賛獲得欲求尺度得点 2	.817 ***
賞賛獲得欲求尺度得点 3	.846 ***
拒否回避欲求	
拒否回避欲求尺度得点 1	.870 ⁻
拒否回避欲求尺度得点 2	.885 ***
拒否回避欲求尺度得点 3	.814 ***
体型ポジティブ印象予期	
ポジ・同性得点	.806 ⁻
ポジ・異性得点	.836 ***
体型ネガティブ印象予期	
ネガ・同性得点	.718 ⁻
ネガ・異性得点	.839 ***
痩身願望	
痩身願望尺度得点 1	.865 ⁻
痩身願望尺度得点 2	.876 ***
痩身願望尺度得点 3	.863 ***
痩身希求行動	
ダイエット回数	.673 ⁻
ダイエット期間	.584 ***

注）賞賛獲得欲求尺度得点，拒否回避欲求尺度得点，および，痩身願望尺度得点に添えられた数字は，Item Parcelingによるパーセルの番号。
***$p < .001$

Figure 12 痩身の印象管理モデル

である。拒否回避欲求は賞賛獲得欲求と異なり，痩身願望や痩身希求行動との関連が明確ではない（e.g., 馬場・菅原，2000）。また，研究 4 でも，拒否回避欲求は痩身希求行動と関連しないことが示されている。しかし，今回の結果か

ら,拒否回避欲求も体型ネガティブ予期を経由して痩身願望に関連していることが確認された。このように,賞賛獲得欲求だけでなく拒否回避欲求も最終的には痩身希求行動に関連していることが確認された。

同時に,痩身希求行動の背景にあるプロセスを検討する際に,体型印象管理予期という概念を扱うことの有用性が示されたと言える。体型印象管理予期という体型についての他者からの評価に限定された内容を扱うことにより,拒否回避欲求から痩身願望へといたる影響のプロセスを明確にすることができたと考えられる。体型印象管理予期を賞賛獲得・拒否回避欲求と痩身願望の媒介要因として置くことの重要性が示されたと同時に,従来の研究では十分に扱われてこなかった当該要因の重要さを確認できたと言えよう。今回の検討により,対他的機能という観点,ひいては印象管理というプロセスからの痩身へのアプローチが可能であることが示されたと考えられる。

また,同じ印象管理であっても,Leary(1983)の対人不安の自己呈示モデルとはそのプロセスが異なっていることが示唆された。痩身願望との関連において,体型の印象管理予期と賞賛獲得・拒否回避欲求との交互作用が見受けられず,体型印象管理予期は,調整要因としてではなく媒介要因としてその役割をはたしていた。Leary(1983)の対人不安の自己呈示モデルに基づいて羞恥心についての検討をおこなった佐々木他(2005)は,承認欲求を印象管理の欲求として用いて,印象管理の効力感との間に交互作用があることを示しているが,今回の結果はそれとは異なっていた。このことは,痩身の印象管理モデルの独自性,そして,痩身を検討する際に独自の印象管理モデルにて説明される必要性を示したと考えられる。なお,このモデルは,他の装いにも適用できる可能性がある。

体型印象管理予期における他者の性別という要因の影響は見られなかった。体型印象管理予期と痩身願望の関連において,体型ポジティブ印象予期と体型ネガティブ印象予期の両者において,同性の評価と異性の評価についての予期は同程度の影響を有しており,評価する対象の性別にかかわらずその関連が同程度であることが明らかになった。これまで,印象管理における異性の影響(Leary & Miller, 2000)や,痩身願望への異性からの評価の圧力の影響(e.g., 浅野,1996)が言及されてはいるが,データにより実証されているわけでは

ない。同性からの評価が異性からの評価と同様に重要視されて印象管理がおこなわれるために，今回のような結果が得られた可能性がある。

第3節　次章以降への展開

　今後の課題として，痩身の印象管理モデルの精緻化が挙げられる。これは，痩身の印象管理モデルの妥当性を高めるために必要である。そこで，次章以降は，本章で確認された痩身の印象管理モデルをベースとし，モデルの精緻化を試みることとする。

　まず，8章と9章では，体型印象管理予期が痩身願望へ及ぼす影響についての調整要因について検討をおこなう。本章により，体型ポジティブ印象予期および体型ネガティブ印象予期の両者が，痩身願望に同程度に関連していることが確認された。しかし，特定の傾向を有する人々にとっては，その影響の仕方が異なる可能性もある。そこで，その点について検討する。

　また，10章では，他者の性質について改めて検討する。本章では，痩身の印象管理モデルを検討するにあたり，同性と異性の区別をおこない性別という要因についても検討したが，これだけでは他者の性質による影響を明らかにするには不十分である。相手により示したいイメージは異なっており（福島，1996），人は親密な友人に伝える印象よりも，それほど親密でない他者に伝える印象に関心があるといわれている（Leary & Miller, 2000）。また，親密度が高い同性ほど魅力的に受け取られたいという自己呈示の動機は低く（Leary et al., 1994a），装いをおこなわなくなる（Daly et al., 1983）ことが示されている。親密さという要因は印象管理において重要であるため，それを考慮したうえで，さらに検討をおこなう必要がある。その際は，場面の要因の影響も考慮することが有用であろう。

　これらの試みによって，痩身の印象管理モデルが一層妥当なものとなることが期待される。

第8章 痩身の印象管理モデルの精査—自尊感情を調整要因とした検討—

第1節 問　題

　本章では，前章で妥当性を確認した痩身の印象管理モデルをベースとし，体型印象管理予期と痩身願望との関連について精査をおこなう。特定の傾向を有する人々にとっては，体型印象管理予期と痩身願望との関連の仕方が異なる可能性が考えられる。つまり，その関連の背景に調整要因が存在する可能性がある。

　その要因の一つとして，他者からの評価が挙げられる。これまで，体型に対する他者からの評価に対する認知が，痩身願望の背景機序において重要な役割を有していることが示されている。そのため，体型に対する他者からの評価に関連する要因により，体型印象管理予期と痩身願望との関連の仕方が異なっている可能性が考えられる。

　そこで，本章では，自尊感情の程度により体型印象管理予期と痩身願望との関連性は異なるという予測のもとに，体型印象管理予期と痩身願望との関連についてより詳細に検討する。自尊感情は他者からの評価に関連している。ソシオメーター理論（Leary & Baumeister, 2000；Leary et al., 1995）では，自尊感情は他者からの評価に対するシグナルをあらわすバロメータと位置づけられており，自尊感情の低さは他者から受容されていないと感じていることを意味している。そして，自尊感情が高い者は肯定的な印象を獲得するために接近志向の傾向があり，一方，自尊感情が低い者は否定的な印象を回避するために回避志向の傾向があるとされている（Baumeister et al., 1989）。このことを考慮すると，他者から体型を受容されていると感じている者においては，他者から

の肯定的な評価への接近をめざし，それが痩身願望に結びつく可能性がある。一方，他者から体型を受容されていないと感じている者においては，他者からの否定的な評価からの回避をめざし，それが痩身願望に結びつく可能性がある。

　ここで，痩身の印象管理モデルにおける自尊感情の位置づけを考えてみたい。体型が他者から受容されていると感じている者は自尊感情が高く，そして，体型に対する他者からの受容を意識し，その受容を求めて痩身を望む可能性がある。つまり，自尊感情が高い者は，体型ポジティブ印象予期と痩身願望がより強く結びついていると予測される。一方，体型が他者から受容されていないと感じている者は自尊感情が低く，そして，体型に関する他者からの拒否を意識し，その拒否を避けるために痩身を求める可能性がある。つまり，自尊感情が低い者は，体型ネガティブ印象予期と痩身願望がより強く結びついていると予測される。

第2節　研　究　6

目　　的

　自尊感情の程度を考慮したうえで，体型印象管理予期と痩身願望との関連について検討をおこなう。

方　　法

　対　　象　関東圏の2つの女子大学と2つの共学の大学の女子学生，および1つの看護専門学校の女子学生の計233名を対象とした。体重等の回答に欠損がある者，現在よりも大きい体重を理想としている者[33]，また，30歳以上の者を除いた[34]181名（平均年齢20.0歳，標準偏差1.98）のデータを以降の分析に用いた。平均BMIは20.56，標準偏差は2.52であった。

　調　査　票　(a)体型ポジティブ印象予期・体型ネガティブ印象予期の項目：研究5で使用した，体型ポジティブ印象予期の「同性からの評価」，および「異

33　脚注23（p.65）と同様の理由による。
34　脚注24（p.65）と同様の理由による。

性からの評価」，また，体型ネガティブ印象予期の「同性からの評価」，および「異性からの評価」の4つを使用した。「1．まったくそう思っていない」から「6．とてもそう思っている」の6件法で回答を求めた。(b) 痩身願望尺度（馬場・菅原，2000）：痩身願望の程度を測定するための尺度であり11項目からなる。「1．まったくあてはまらない」から「5．非常にあてはまる」の5件法で回答を求めた。(c) Rosenbergの自尊感情尺度（Rosenberg, 1965）の日本語版（山本・松井・山成，1982）：自尊感情の程度を測定するための尺度であり，「1．あてはまらない」から「5．あてはまる」の5件法で回答を求めた。

　時　　期　2009年6月から7月に実施した。

　実施方法　主に講義中に実施した。倫理的な配慮について説明し，同意を得た者のみを調査対象とした。

結　果

　自尊感情の程度による体型ポジティブ印象予期および体型ネガティブ印象予期と痩身願望との関連性のパターンの違いについて検討した[35]。各変数間の関連性について確認するために，3次元グラフを作成したところ，傾きの変化が一様ではなく，分布からは3群に分割するのが適切と考えられた。そこで，自尊感情得点（$M = 30.1$, $SD = 6.51$）の高い方から，自尊感情高群（$M = 36.7$, $N = 65$），自尊感情中群（$M = 30.0$, $N = 58$），そして，自尊感情低群（$M = 22.8$, $N = 58$）の3群に33パーセンタイル点，66パーセンタイル点で分割した。

　まず，3群それぞれの体型ポジティブ印象予期および体型ネガティブ印象予期と痩身願望との関連について，重回帰分析により検討した。各群における標準偏回帰係数の値をTable 17に示す。体型ネガティブ印象予期と痩身願望との関連は，自尊感情低群において最も強いことが示された。一方，体型ポジティブ印象予期は，自尊感情中群と高群では同程度であったが，低群においてはそれらより低いことが示された。

　ここで，各群での関連の仕方の差異について，多母集団同時分析により検討

---

[35] 検討に先立ち，体型ポジティブ印象予期および体型ネガティブ印象予期のそれぞれの項目に対して因子分析をおこない，対象の性別の区別の必要性についても検討した。結果，それぞれ一因子解が得られ，性別を込みにして分析を進めて問題ないことが確認された。

Table 17 自尊感情の程度による3群それぞれにおける、体型ポジティブ印象予期得点および体型ネガティブ印象予期得点を説明変数、痩身願望尺度得点を目的変数とした重回帰分析における標準偏回帰係数

	痩身願望							
	自尊感情低群 (N=58)			自尊感情中群 (N=58)			自尊感情高群 (N=65)	
体型ポジティブ印象予期	.22	(.46) ***	/	.34 **	(.39) **	/	.38 **	(.41) ***
体型ネガティブ印象予期	.42 **	(.55) ***	/	.30 *	(.36) **	/	.23 *	(.28) *

注）括弧内はピアソンの積率相関係数。
$***p<.001, **p<.01, *p<.05$

した[36]。結果は以下のとおりである。配置不変のモデルについて検討したところ、適合度は$CFI=.980$, $RMSEA=.040$, $AIC=311.843$, $\chi^2_{(117)}=149.843$であった。次に測定不変のモデルについて検討したところ、適合度は$CFI=.978$, $RMSEA=.040$, $AIC=300.616$, $\chi^2_{(133)}=170.616$であり、測定不変が成り立つことが確認された。次に、体型ポジティブ印象予期または体型ネガティブ印象予期のそれぞれから痩身願望へのパスの値、および体型ポジティブ予期と体型ネガティブ予期の相関の値について、3群で等値にするか否かの組み合わせによる複数のモデルを設定し適合度を算出した。結果、最も適切なモデルは、体型ポジティブ印象予期から痩身願望および体型ネガティブ印象予期から痩身願望の両者において3群間すべての間に等値に制約をおこない、かつ体型ポジティブ印象予期と体型ネガティブ印象予期の間において自尊感情高群と中群の間に等値制約をおこなったモデルであった。なお、適合度は$CFI=.980$, $RMSEA=.037$, $AIC=292.369$であった。当該モデルにおける3群それぞれの潜在変数間の関連の値をFigure 13に示す。

---

36 当初は、潜在変数である体型印象ポジティブ予期と体型印象ネガティブ予期のそれぞれに対して、同性と異性の項目をそれぞれまとめて2つの顕在変数を作成し、対応させた。しかし、顕在変数が2つであったためか、不適解が生じた。そこで、4つ（同性で2つ、異性で2つ）のパーセルを作成して顕在変数とし、潜在変数へと対応させた。

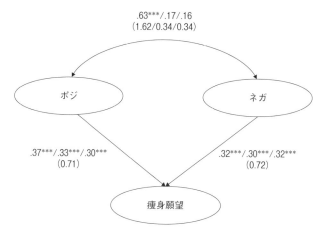

Figure 13 自尊感情で分割した3群を対象とした多母集団同時分析の結果

注) ポジ：体型ポジティブ印象予期，ネガ：体型ネガティブ印象予期。
左から自尊感情低群，中群，高群における値。括弧内は非標準化解。
なお，潜在変数から顕在変数へのパスはすべて0.1%水準で有意。顕在変数および誤差変数は省略。
*** $p<.001$

考　察

　本研究は，痩身の印象管理モデルの精緻化の試みとして，モデルの一部である体型印象管理予期と痩身願望との関連性について，自尊感情の程度を考慮したうえで検討することを目的とした。その結果，予測とは異なり，自尊感情の程度により体型ポジティブ印象予期および体型ネガティブ印象予期と痩身願望との関連性には十分な違いがないことが示された。

　この理由として，自尊感情が必ずしも体型の評価のみを直接的に反映しているものではないことが挙げられる。確かに，体型や容姿についての評価は，自尊感情と関連している（e.g., 山本他，1982）。しかし，自尊感情は，体型の評価や受容のみを反映したものではなく，他の自己に関する多様なものについての評価も反映している。体型についての評価により直接的に結びつくような指標を扱い検討することが必要と考えられる。そこで，次章では，他者からの体型への評価をより直接的に反映する具体的かつ直接的な指標を扱い検討することにする。

　ところで，体型ポジティブ印象予期と体型ネガティブ印象予期は中程度の関

連を有していることが示されてはいるが（研究3），本研究では，自尊感情低群において，体型ポジティブ印象予期と体型ネガティブ印象予期の間に強い関連が認められた。自尊感情が低い群では，状況によってポジティブへの接近とネガティブからの回避の目標のどちらに焦点をあてるかが柔軟に設定できていない可能性も考えられる。自尊感情が低い群における両者の結びつきとその影響についての詳細な検討は，過度な痩身希求行動へいたる道筋の理解に寄与する可能性もある。

第9章 痩身の印象管理モデルの精査
―他者からの体型の受容を調整要因とした検討―

第1節 問　題

　前章では，体型印象管理予期と痩身願望との関連について，自尊感情の程度により群分けし検討をおこなった。そして，予想とは異なり，自尊感情の程度によって体型印象管理予期と痩身願望との関連の程度が十分に異なるという結果は得られなかった。自尊感情が必ずしも体型の評価のみを直接的に反映しているものではないことが，その原因として考えられた。

　体型や容姿についての評価は，自己の他の側面への評価よりも，自尊感情や自己に対する全体的な評価などと密接に関連していることが，多くの研究にて示されている（e. g., DuBois et al., 1996；山本，2010；山本他，1982）。しかし，自尊感情やその全体的な評価のすべてが容姿によってのみ規定されるわけではない。自己全体の評価は容姿の評価や受容のみを反映したものではなく，知性や社交性，経済力など，他の自己の諸側面に関する評価や受容も反映している。さらに，容姿といっても，体型以外にも相貌などのいくつもの側面によって構成されている。そのため，研究6では，他の側面の評価や受容が交絡して調整効果があいまいなものとなり，自尊感情の程度によって体型印象管理予期と痩身願望との関連の程度が明確には異ならないという結果になった可能性がある。

　このように考えると，自尊感情ではなく，より体型の評価に直接的に関連するものを調整要因として扱うことにより，体型印象管理予期と痩身願望との関連についての新たな知見を見出すことが可能になるのではないかと考えられる。そのために，まずは，体型に対する自己評価を扱うことが考えられる。し

かし，従来の研究により，極めて多くの人が自身を太っていると評価する認知の歪みが生じていること，また，自身の評価はそもそも他者からの評価や受容とは直接的に対応するわけではないことなどから，扱う要因としては適切ではない可能性がある。

次に考えられるのが，他者からの評価である。谷本（2008）は，一般的な身体加工（髪を切ったり，洗顔したりなど）の装いをおこなう理由，そして美容整形をしたい理由について検討し，外見の良さに対する自己判断である「自信の有無」で群分けした場合には，理由の選択割合に違いが認められた項目は少ないが，他者による判断である「ほめられる経験の有無」で群分けした場合には，外見について他者から良い評価を得ている人はそうでない人よりも，ポジティブな結果の獲得を理由として選択する割合が大きいことを示している。そして，その理由には，「同性から注目されたいから」などの，他者からの肯定的な評価の獲得に関する項目が含まれている。これらを考慮すると，他者から痩せていると評価される経験の有無により，痩身によって獲得できるポジティブな結果についての意識に違いが認められる可能性がある。つまり，他者からの痩身評価の経験について扱うことにより，体型に対する受容の程度を適切に反映し，体型印象管理予期と痩身願望との関連の程度についての検討をおこなうことができると考えられる。

そこで，体型印象管理予期と痩身願望との関連において，他者からの体型への評価が調整要因としての影響を有し，体型印象管理予期と痩身願望との関連の程度に違いが確認されるかについて検討する。他者から痩身という評価がなされている者においては，他者からの肯定的な評価に焦点が向けられ，それへの接近というルートで痩身願望を抱きやすい可能性，つまり，体型ポジティブ印象予期と痩身願望の結びつきが強い可能性がある。また，他者から痩身という評価がなされていない者においては，他者からの否定的な評価に焦点が向けられ，それからの回避というルートで痩身願望を抱きやすい可能性，つまり，体型ネガティブ印象予期と痩身願望の結びつきが強い可能性がある。

なお，現実の体型の影響についても同時に確認する。現実の体型によって，体型印象管理予期と痩身願望との関連の程度が異なるか否かについても明確にし，その影響が上述の他者からの評価の影響と異なるかについて検討する。こ

のことにより，あくまでも他者からの評価に対する認識が印象管理のプロセスに影響を及ぼすのか，それとも，比較的客観的な認識が印象管理のプロセスに影響を及ぼすのか，その点についても明らかにすることができると期待される。もし，他者からの評価という要因が影響している一方，客観的な認識が影響していないのであれば，印象管理のプロセスにおける他者からの評価の重要性とその働きを示すことができると考えられる。

第2節 研 究 7

目 的

他者からの体型への評価，および，現実の体型の程度を考慮したうえで，体型印象管理予期と痩身願望との関連について検討をおこなう。

方 法

対 象 20歳から29歳の女性の計333名を対象とした。5歳刻みでおおよそ均等に割り付けて実施した。なお，調査に同意せずに途中で止めた16名，および，現在よりも太ることを望んでいる17名のデータを除外し[37]，300名のデータを以降の分析に用いた。なお，平均年齢は24.8歳，標準偏差は2.76であった。対象者の属性はTable 18に示す。

調査内容 調査内容は以下の内容から構成される。(a) 体型印象管理予期：研究5や研究6で使用した，体型ポジティブ印象予期の「同性からの評価」，および「異性からの評価」，また，体型ネガティブ印象予期の「同性からの評価」，および「異性からの評価」の4つを使用した。「1．まったくそう思っていない」から「6．とてもそう思っている」の6件法で回答を求めた。(b) 痩身願望尺度：痩身願望の程度を測定するために，痩身願望尺度（馬場・菅原，2000）を使用した。11項目から構成されており，「1．まったくあてはまらない」から「5．非常にあてはまる」の5件法で回答を求めた。(c) 痩身評価の有無：体型について，周りの人から痩せていると言われることがどのくらいあるか，

---

[37] 脚注23（p.65）と同様の理由による。

Table 18　対象者の属性

		N	%
職業	公務員	6	(2.0)
	会社員	107	(24.7)
	自営業・自由業	7	(1.0)
	パート・アルバイト	53	(17.7)
	専業主婦	26	(8.7)
	学生	60	(20.0)
	その他	41	(13.7)
未婚・既婚の別	未婚	242	(80.7)
	既婚	58	(19.3)

「1．まったくない」「2．たまにある」「3．時々ある」「4．頻繁にある」のなかから1つ選択するように求めた。(d) 現実の体型：現実の体型について，身長と体重の数値のセットを提示し，「1．表の数値よりも自分の体重の方が大きい」「2．ほぼ同じ」「3．表の数値よりも自分の体重の方が小さい」のなかから1つ選択するように求めた。提示した身長は1cm刻みとした。体重はその身長に対応する20代女性の平均的な体重を提示した[38]。(e) 体型についての希望：自身の体型について，どのようになることを希望しているか，「1．とても痩せたいと思う」「2．少し痩せたいと思う」「3．このままで良い」「4．少し太りたいと思う」「5．とても太りたいと思う」のなかから1つ選択するように求めた。ここで，「4．少し太りたいと思う」「5．とても太りたいと思う」を選択した者を現在よりも太りたいと思っている者として，その者のデータを先述のとおり分析から除いた。

実施時期および方法　2014年9月に，調査会社を介してインターネット調査をおこなった。なお，回答者にはポイントが付与された。

---

[38] 調査の直近において，20代女性の平均的なBMIは20.80であることが報告されていた（厚生労働省，2013）。そこで，それぞれの身長に対して，このBMIに相当する体重を計算し，その値を提示した。

結　果

予備的処理　痩身評価の有無についての，それぞれの選択肢の選択割合をTable 19に示す。ここで，全体の分布と内容を考慮し，「1．まったくない」と回答した者を「痩身評価無し群」とした。また，「2．たまにある」「3．時々ある」「4．頻繁にある」と回答した者を「痩身評価有り群」とした。

Table 19　体型に対する他者からの痩身評価

	N	%
まったくない	108	36.0
たまにある	79	26.3
時々ある	69	23.0
頻繁にある	44	14.7

現実の体型について，「1．表の数値よりも自分の体重の方が大きい」を選択したのは111名（37.0%），「2．ほぼ同じ」を選択したのは46名（15.3%），「3．表の数値よりも自分の体重の方が小さい」を選択したのは143名（47.7%）であった。「1．表の数値よりも自分の体重の方が大きい」を選択した者を「非痩身群」とし，また，「3．表の数値よりも自分の体重の方が小さい」を選択した者を「痩身群」とした。なお，女性の体重の分布は若干の正の歪みを示すことが知られており，その点を考慮すると，今回の回答で示された分布は妥当と考えられた。

モデルの作成　体型印象管理予期から痩身願望への影響をあらわすモデルは，研究6と同様とした。体型ポジティブ印象予期と体型ネガティブ印象予期のそれぞれから痩身願望へとパスを設定し，また，体型ポジティブ印象予期と体型ネガティブ印象予期の間には共分散を設定した。なお，それぞれ，潜在変数に対応する顕在変数が若干多いため，複数の項目をまとめた新しい変数を作成し（Item Parceling, e.g., Bandalos, 2002）分析に使用した。体型ポジティブ印象予期と体型ネガティブ印象予期については，それぞれ4つ（同性で2つ，異性で2つ）のパーセルを作成して顕在変数とし，潜在変数へ対応させた。痩身願望については，3つのパーセルを作成して顕在変数とし，潜在変数へと対応させた。

痩身評価の有無による検討 痩身評価の有無による，体型ポジティブ印象予期および体型ネガティブ印象予期と痩身願望との関連性のパターンの違いについて検討した。先述のとおり，対象を痩身評価無し群と痩身評価有り群にグループ分けし，上述の関連性について，両群で差異があるか，多母集団同時分析により検討した。まず，配置不変のモデルについて検討したところ，適合度は $CFI = .982$, $RMSEA = .055$, $AIC = 257.317$, $\chi^2_{(74)} = 141.317$ であった。次に測定不変のモデルについて検討したところ，適合度は $CFI = .981$, $RMSEA = .053$, $AIC = 251.042$, $\chi^2_{(82)} = 151.042$ であり，測定不変が成り立つことが確認された。そこで，体型ポジティブ印象予期または体型ネガティブ印象予期のそれぞれから痩身願望への影響，および体型ポジティブ印象予期と体型ネガティブ印象予期の共分散について，2群で等値にするか否かの組み合わせによる複数のモデルを設定し適合度を算出した。結果，最も適切なモデルは，体型ネガティブ印象予期のみ両群に等価の制約を置いたモデルであることが示された（Table 20）。なお，そのモデルの適合度は $CFI = .982$, $RMSEA = .052$, $AIC = 249.047$ であった。

当該モデルにおける2群それぞれの潜在変数間の関連の値をFigure 14に示す。痩身評価有り群においては，体型ポジティブ印象予期から痩身願望へのパスは有意であり弱い正の影響が認められたが，痩身評価無し群においては，影響が認められなかった。体型ネガティブ印象予期から痩身願望へのパスについ

Table 20 痩身評価の有無による多母集団同時分析における各モデルの適合度

	P→T	N→T	P↔N	CFI	RMSEA	AIC
モデルa	○			.981	.053	251.009
モデルb		○		.982	.052	249.047
モデルc			○	.981	.053	251.227
モデルd	○	○		.981	.054	251.772
モデルe		○	○	.981	.053	249.231
モデルf	○		○	.981	.053	251.038
モデルg	○	○	○	.980	.053	251.492

注）P→T：体型ポジティブ印象予期から痩身願望へのパス，N→T：体型ネガティブ印象予期から痩身願望へのパス，P↔N：体型ポジティブ印象予期と体型ネガティブ印象予期の共分散。
○は等価の制約を置いたことを示す。

第9章 痩身の印象管理モデルの精査 —他者からの体型の受容を調整要因とした検討— 117

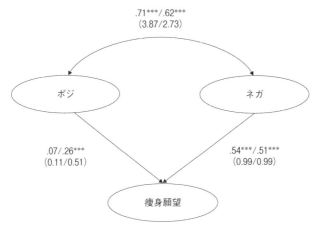

Figure14 痩身評価無し群と有り群を対象とした多母集団同時分析の結果（model b）

注）ポジ：体型ポジティブ印象予期，ネガ：体型ネガティブ印象予期。
数値は，左が痩身評価無し群，右が痩身評価あり群。括弧内は非標準化解。
なお，潜在変数から顕在変数へのパスはすべて0.1％水準で有意。顕在変数および誤差変数は省略。
***$p<.001$

ては，両群共に強い影響が認められたが，大きな違いは示されなかった。体型ポジティブ印象予期と体型ネガティブ印象予期の共分散については，その関連の程度に多少の違いが認められ，痩身評価無し群の方が高値であったが，両者ともに高い値であった。

現実の体型による検討 現実の体型（非痩身/痩身）による，体型ポジティブ印象予期および体型ネガティブ印象予期と痩身願望との関連性のパターンの違いについて検討した。先述のとおり，対象を非痩身群と痩身群にグループ分けし，上述の関連性について，両群で差異があるか，多母集団同時分析により検討した。まず，配置不変のモデルについて検討したところ，適合度は$CFI=.978$，$RMSEA=.061$，$AIC=144.286$，$\chi^2_{(74)}=144.286$であった。次に測定不変のモデルについて検討したところ，適合度は$CFI=.979$，$RMSEA=.058$，$AIC=252.105$，$\chi^2_{(82)}=152.105$であり，測定不変が成り立つことが確認された。そこで，体型ポジティブ印象予期または体型ネガティブ印象予期のそれぞれから痩身願望への影響，および体型ポジティブ印象予期と体型ネガティブ印

象予期の関連について，2群で等値にするか否かの組み合わせによる複数のモデルを設定し適合度を算出した。結果，最も適切なモデルは，すべてにおいて両群に等価の制約を置いたモデルであることが示された（Table 21）。なお，そのモデルの適合度は$CFI = .979$, $RMSEA = .057$, $AIC = 248.336$であった。

Table 21 現実の体型による多母集団同時分析における各モデルの適合度

	P→T	N→T	P↔N	CFI	RMSEA	AIC
モデルh	○			.979	.058	250.951
モデルi		○		.979	.058	251.153
モデルj			○	.979	.058	251.184
モデルk	○	○		.979	.057	249.236
モデルl		○	○	.979	.058	250.201
モデルm	○		○	.979	.058	250.117
モデルn	○	○	○	.979	.057	248.336

注）P→T：体型ポジティブ印象予期から痩身願望へのパス，N→T：体型ネガティブ印象予期から痩身願望へのパス，P↔N：体型ポジティブ印象予期と体型ネガティブ印象予期の共分散。
○は等価の制約を置いたことを示す。

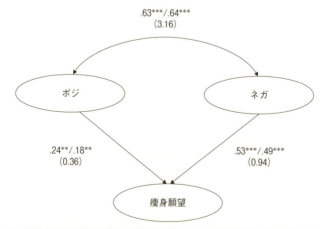

Figure 15 現実の体型の非痩身群と痩身群を対象とした多母集団同時分析の結果（model n）
ポジ：体型ポジティブ印象予期，ネガ：体型ネガティブ印象予期。
数値は，左が非痩身群，右が痩身群。括弧内は非標準化解。
なお，潜在変数から顕在変数へのパスはすべて0.1%水準で有意。顕在変数および誤差変数は省略。
**$p < .01$, ***$p < .001$

第9章　痩身の印象管理モデルの精査 ―他者からの体型の受容を調整要因とした検討―　　119

　当該モデルにおける2群それぞれの潜在変数間の関連の値をFigure 15に示す。体型ポジティブ印象予期から痩身願望へのパスは有意であり弱い正の影響が認められた。体型ネガティブ印象予期から痩身願望へのパスについては，両群ともに強い影響が認められた。体型ポジティブ印象予期と体型ネガティブ印象予期の共分散については，両者ともに高い値であった。しかし，これらの関連性については，非痩身群と痩身群による違いは認められなかった。

考　察

　本研究では，体型印象管理予期と痩身願望との関連において，他者からの体型への評価が調整要因としての影響を有するか否か検討することを目的とした。また，現実の体型の影響についても，あわせて確認した。痩身評価の影響については，構造方程式モデリングによる分析の結果，体型ネガティブ印象予期のみ両群に等価の制約を置いたモデルが適切であることが示された。痩身評価有り群においては，体型ポジティブ印象予期から痩身願望へのパスは有意であり弱い正の影響が認められたが，痩身評価無し群においては，影響が認められなかった。体型ネガティブ印象予期については，群による違いは認められなかった。

　他者から痩身であると評価される者，つまり，痩身をよしとする現在の社会においてその基準を満たし，体型に対して他者から肯定的な評価を得られる者は，体型ポジティブ印象予期と体型ネガティブ印象予期がともに痩身願望へと影響を及ぼすが，そのような評価を得られない者は，体型ネガティブ印象予期のみが痩身願望へと影響を及ぼしているということが明らかとなった。体型ポジティブ印象予期については，当初想定した結果であった。体型を受容されているほど，ポジティブな印象を獲得するために接近志向し，それが痩身願望につながっていると考えられる。

　一方，体型ネガティブ印象予期については，当初想定した結果は得られなかった。これについては，以下のように考えることができる。他者から痩身という評価を多少は得ていたとしても，それが社会における受容の基準を満たすほどの十分な痩身ではないと認識している可能性がある。実際，今回対象とした女性は，全員が，今よりも痩身を望んでいる者であった。集団において受容され

るための体型の基準を満たしていないと認識しているために，痩身の評価を受けていてもそれが受容のシグナルとは十分にならず，痩身評価の有無にかかわらず他者からの否定的な評価の回避をめざして，体型ネガティブ印象予期が痩身願望と関連している可能性が考えられる。

　痩身評価の有無による今回の結果については，他の説明も考えられる。今回は，体型について，周りの人から痩せていると言われることがどのくらいあるかを尋ねる形で，痩身評価を受けているか否かの群分けをおこなっている。つまり，痩身評価を受けている者は，痩身であることに対してフィードバックを受けている者ということになる。それらの者は，その賞賛に強化されて，体型ポジティブ結果予期と痩身願望との結びつきが強くなっているのかもしれない。もし，体型について，周りの人から太っていると言われることがどのくらいあるかを尋ねる形で，痩身評価を受けているか否かの群分けをおこなった場合，今回と異なりネガティブな内容へのフィードバックを受けているか否かを反映することとなり，例えば，肥満評価有り群と無し群で体型ネガティブ印象予期と痩身願望の関連の程度の違いが確認される可能性がある。

　体型ポジティブ印象予期と体型ネガティブ印象予期の共分散については，若干ではあるが，痩身評価無し群の方が高値であった。前章においても，自尊感情の低い群において，体型ポジティブ印象予期と体型ネガティブ印象予期の関連が強いことが示されている。印象管理のプロセスにおいて，状況によりポジティブへの接近とネガティブからの回避の目標のどちらに焦点をあてるかが柔軟に設定できていない可能性が，今回の結果からも示唆されたといえよう。

　現実の体型の影響については，構造方程式モデリングによる分析の結果，すべてにおいて両群に等価の制約を置いたモデルが適切であることが示された。痩身評価の結果とあわせて考えると，印象管理の枠組みにおいて，実際に痩せているかどうかではなく，あくまでも他者からどのように体型を評価されるかということの方が，調整要因として意味を有することが示唆されたと言える。つまり，客観よりも，他者による評価という主観に基づく評価の方が，印象管理のプロセスの中で働きを有しているということである。

　ところで，体型ネガティブ印象予期と痩身願望との関連の程度は調整要因の有無にかかわらず全体として強く，体型ポジティブ印象予期と痩身願望との関

連の程度は，痩身評価の有無による違いはあるにしても，全体としてそれほど大きいものではなかった。これは，第7章や第8章における結果と比べると，前者はより大きく，後者はより小さいものであった。この違いには，対象の違いが影響している可能性も考えられる。第7章や第8章の研究においては，主に20歳前後の大学生を対象としている。しかし，今回は20歳から29歳の，会社員やパート・アルバイト，専業主婦などの幅広い職業の者を対象としている。学生という特殊な環境から社会という環境に移行することにより，他者からの評価は体型やその他の側面でその性質が変わってくる可能性はある。また，対象の8割が未婚であり，この年齢層特有の未婚という状態における体型やその評価の重要性なども，変化している可能性がある。さらに，20歳前後は，第二次性徴を経てすでに体型が安定しているが，24歳～26歳頃に体型の変化するポイントがあることも指摘されている（ワコール人間科学研究所，2000）。今回の対象において，体型の変化，そして体型に対する評価や意味も，20歳前後の年代とは異なっている可能性がある。このように，他者からの否定的な評価の回避全般における，体型と体型に対する自他の評価の位置づけや意味，そして同時に，他者や社会との関係性が変化して，今回のような結果が得られた可能性がある。

　最後に，体型ネガティブ印象予期から痩身願望への影響の大きさが，大きな問題を孕んでいる可能性について指摘したい。Suzuki（2013）において，体型ネガティブ印象予期は非構造的ダイエット（絶食など急激に体重を減らそうとする不健康なダイエット）と結びついていることが示されている。体型についてのネガティブな印象を回避するという回避志向のルートが，問題を生じさせやすいプロセスである可能性があり，注意が必要であろう。自己全体の評価における体型の評価の重みについての心理教育的介入が，非痩身による自己受容の低下の緩和や問題のある行動の予防などに有用な可能性がある。今後検討を進めていくことが重要と考えられる。

　以上をまとめると，他者からの体型への評価により，体型印象管理予期が痩身願望へ及ぼす影響が異なることが確認されたと言える。これは，痩身の印象管理モデルの精査に寄与したと考えられる。また，今後さらに検討する必要のある新たな課題も示されたと言える。

第10章 痩身の印象管理モデルの精査
　　　―対象と場面の影響の検討―

第1節　問　題

　本章では，痩身の印象管理モデルの中の，体型印象管理予期と痩身願望の関連の部分に焦点をあてて，印象を与える対象や場面の影響を考慮したうえで検討をおこなうこととする。対象については，親密度と性別について扱う。また，場面については，複数の場面を設定し検討する。

　まず，体型印象管理予期が他者の親密度によってどのように異なるかについて明らかにする。印象管理のメカニズムで説明が試みられる対人不安の文脈においては，親しいわけでもないがまったく知らないわけでもないという所謂半知りの相手に対して羞恥心を感じるとされている（佐々木他, 2005）。しかし，印象管理のモデルという点では，すでに，対人不安のモデルと痩身のそれとは異なっていることが第7章で示されている。そのため，対人不安の印象管理モデルをそのまま痩身の印象管理モデルに適用することはできない。とはいえ，印象管理の枠組みで考えた場合，痩身願望の背景にある印象管理の予期において，対象の親密度によるなにかしらの差異が確認される可能性が考えられる。

　装いにおいては，対象により装いの程度が異なることが知られている。谷口（2007）においては，対象により化粧品の使用度が異なることが示されている[39]。Daly et al.（1983）おいては，親しいほど装いをおこなわなくなることが示されている。Daly et al.（1983）の知見を痩身にもあてはめるとすれば，親密度が高いほど体型印象管理予期が弱まる可能性がある。また，女性は，す

39　ただし，状況要因が交絡している可能性は考えられる。

れ違う人にでさえも痩せたらきれいだと思われるというメリット意識を有しており（羽鳥，1999），友人や見知らぬ人のまなざしだけではなく顔見知りの人のまなざしも痩身願望に関連していること（菅原・馬場，2001）が示されている。これらを考慮すると，痩身願望には，見知らぬ他者や半知りの対象からの評価についての意識も影響している可能性がある。

これまで，他者の親密度の影響を考慮したうえで，体型による印象管理の予期と痩身願望の関連について検討した研究はみられない。羽鳥（1999）においては，親密度の影響そのものは検討していない。また，菅原・馬場（2001）においては，あくまでも体型が気になる程度を扱っており，印象管理の予期を扱っているわけではない。他者の親密度を扱うことにより，痩身の印象管理モデルをより精査することが可能と考えられる。

また，性別の影響についても改めて検討する。第7章では体型印象管理予期における性別の影響は確認されず，それ以降も，性差については別にせずに検討を進めてきた。しかし，今回，親密度や場面も扱うことにより，性差が明らかになる可能性もある。つまり，これまで親密度や場面を扱わなかったために，それぞれの親密度や場面における性差が相殺されるなどして，性差の影響が確認されなかった可能性がある。そこで，改めて，性差について扱い検討する。

さらに，具体的な複数の場面を設定し，対象による差異が場面によって異なるかについてもあわせて検討する。菅原・馬場（2001）は，状況毎の体型を気にする程度と痩身願望の関連を検討しているが，そこでは，鏡の前などの他者が存在するとは限らない状況も含まれており，複数の親密度や性別を扱う今回の研究においては，新たに状況を設定し直す必要がある。そこで，予備調査において検討し準備することとする。

以上，本章では，体型印象管理予期と痩身願望の関連について，対象の親密度と性別という要因を扱い，また，具体的な場面を設定し[40]その違いも含めて検討することとする。同時に，対象や場面による体型印象管理予期の差違についても確認する。

なお，場面の違いについて検討する際，状況ごとの体型印象管理予期を扱うため，痩身願望についてもその状況における痩身願望（状態痩身願望）を扱う。所謂痩身願望は，日々の様々な場面で生起した状態痩身願望の積み重ねの総体

と考えられる。そのため，各場面での状態痩身願望と，従来の特性としての痩身願望との関連が確認されると考えられる。なお，複数の場面において同様のパターンが見受けられれば，扱った状況の限界はあるとはいえ，普遍性についてある程度確認できるであろう。

第2節　研究8 ―予備調査―

目　　的

　ここでは，本調査において使用する場面を準備することを目的とする。本調査においては，複数の場面を設定し，体型印象管理予期と状態痩身願望との関連を検討する。その際，どのような場面を設定するかが重要になってくる。痩身の心理的機序を検討するには，できるだけ，その場面が自然であることが望ましい。そこで，自由記述により得られた実際に経験したことがある場面を基に，本調査で使用するための複数の場面を抽出し準備することとする。

方　　法

　対　　象　関東圏の1つの大学，1つの女子大学，そして，3つの専門学の女子学生の計145名を対象とした。そのうち，30歳以上の者を除いた[41]123名（平均年齢19.6歳，標準偏差1.66）のデータを分析に用いた。

　実施方法　自由記述にて，どのような場面で自分の容姿について意識したことがあるか，もしくは意識することがあるかについての回答を求めた。「状況」「一緒にいた相手」「意識した相手」そして「意識した内容（箇所）」のそれぞれについて，書ける範囲でできるだけ詳しく回答を求めた。記入数についての

前ページ40　場面設定という方法は，しばしばそのリアリティの点から問題とされることも多いが，今回に関しては，特に問題はないと考えられる。そもそも，印象管理は，想定した他者に対してもおこなわれるものである。また，本研究において扱っている体型印象管理予期は，「痩せていたら」といったように，想定についての認知を尋ねており，その想定がどのくらい痩身志向に影響しているのか，目的指向の想定を尋ねている。つまり，その場面でどのように反応するか，ではなく，その場でどのように思うであろうか，ということと痩身願望との関連性について扱っている。そのため，場面を設定する今回の方法には特段大きな問題はないと考えられる。

41　脚注24（p.65）と同様の理由による。

制限は設けなかった。なお，倫理的な配慮について説明し，同意を得た者のみを調査対象とした。

時　期　2006年2月から2006年7月に実施した。

結果および考察

はじめに，得られた自由記述のデータから，体型についての記述があるものを抽出した。結果，93個の記述が抽出された。そこからさらに，本調査での使用を前提として，同性と異性の両者が存在して不自然ではない場面，かつ，親密度の程度が異なる人が存在しても不自然ではない場面，さらに，極めて限られた特定の人のみが経験するような特殊なものではない場面を抽出し，最終的に，買い物と海水浴という2つの場面を抽出し，本調査で使用することとした。

この2つの場面は，それぞれ日常の場面と非日常の場面と言うことが可能である。また，一般的には，海水浴場では水着を着用し，そのような肌が露出されるような状況では，先述のように，身体が他者から見られるものという意識が喚起される（Fredrickson et al., 1998）。そのため，日常の場面と言える買い物場面と，その対比としての海水浴場面の設定は，場面の設定として適していると考えられた。以上，この2つの場面は，体型印象管理予期と状態痩身願望の関連性の普遍性について検討するのに有用であると考えられた。

第3節　研究8―本調査―

目　的

痩身の印象管理モデルにおける体型印象管理予期と痩身願望との関連について，対象の親密度，対象の性別，そして場面という要因を組み込んで検討する。先に述べたように，痩身という装いは，比較的長期間のプロセスを経るという特徴を有しており，その点で他の印象管理の行動とは異なっている。しかし，少なくとも印象管理という枠組みで考えた場合，痩身願望の背景にある印象管理の予期において，親密度や対象の性別による差異が確認される可能性がある。

また，体型印象管理予期は場面で異なっており，特に身体に対する意識が喚

起されやすいか否かが影響する可能性が考えられる。そこで，予備調査で得られた内容を基とした複数場面を設定し検討をおこなう。

方　法

対　　象　関東圏の2つの女子大学，1つの看護学校，関西圏の1つの女子大学の女子学生の計293名を対象とした。体重未記入の者，今よりも大きい体重を理想としている者[42]，また，30歳以上の者を除いた235名[43]（平均年齢20.2歳，標準偏差1.45）のデータを以降の分析に使用した。

調査票　調査票は以下の内容から構成されている。(a) 場面：予備調査の結果を基に，2つの具体的な場面を設定した。それは，買い物という一般的な場面（以降，「買い物場面」）と，海水浴という身体がより強調される場面（以降，「海水浴場面」）である。対象者には，それらの場面を想定したうえで回答を求めた[44]。買い物場面は，「あなたは，とても仲の良い女性の友人，とても仲の良い男性の友人と一緒に買い物に行く約束をしました。その友達は，他の人も連れてくると言っていました。約束の待ち合わせ場所に行ってみると，その2人の仲の良い友達のほかに，あなたも何度か会ったことがあり名前と顔は知っている女性と男性もいました。そして，5人で買い物に行きました。休日ということもあり，通りには，他にも，買い物に来た人たちがいます」という内容である。また，海水浴場面は，「あなたは，とても仲の良い女性の友人，とても仲の良い男性の友人と一緒に海に遊びに行く約束をしました。その友達は，他の人も連れてくると言っていました。当日，約束の待ち合わせ場所に行ってみると，その2人の仲の良い友達のほかに，あなたも何度か会ったことがあり名前と顔は知っている女性と男性もいました。そして，5人で海に遊びに行きました。あなたも，水着に着替え，波打ち際でみんなと遊びはじめました。休日ということもあり，海水浴場には，他にも，泳ぎに来た人たちがいます」

42　脚注23（p.65）と同様の理由による
43　脚注24（p.65）と同様の理由による。
44　なお，どのくらい鮮明にイメージできたか，11件法（「0．まったくイメージできなかった」〜「10．まさにその状況にいるかのように鮮明にイメージできた」で回答を求めたところ，両場面ともにまったくイメージできなかった者は分析対象の中にはいなかった。また，どちらの場面であっても，8割以上の者が中点である5以上に回答していた。

という内容である。(b)（評価を）想定する対象：親密度の程度別に3種類の対象を設定し，それぞれの対象についての各質問への回答を求めた。まず，ミウチ，セケン，タニンに対応する条件として，それぞれ，「友人」「知人」「他人」を対象として設定した。これらの対象の提示の際には，「とても仲の良い○○の友人（以降，「友人」）」「何度か会ったことのある○○（以降，「知人」）」そして，「周りにいる見知らぬ○○（以降，「他人」）のように説明を加えて提示した。また，○○には，「男性（以降，「異性」）」もしくは「女性（以降，「同性」）」を挿入し，男女別の評価対象を設定した。つまり，親密度（友人，知人，他人）×対象の性別（同性，異性）の6種類の対象を設定して，それぞれの対象についての以下の質問への回答を求めた。(c) 体型印象管理予期：体型ポジティブ印象予期と体型ネガティブ印象予期の2側面をそれぞれ測定するために，「やせていたら良い印象をもってもらえる」そして「今の体型だと良い印象をもってもらえない」に対して，買い物場面と海水浴場面の両場面における対象ごとに，どのくらいそう思うか「1．まったくそう思わない」から「7．とてもそう思う」の7段階で回答を求めた。(d) 状態痩身願望：買い物場面と海水浴場面のそれぞれにおいて，自分が痩せていたら良いとどの程度思うかについて，「0．まったくそう思わない」から「10．とてもそう思う」の11段階で回答を求めた。(e) 特性痩身願望：痩身願望尺度（馬場・菅原，2000）を使用した。これは，状態痩身願望との関連を確認するために使用した。関連が示されれば，状態痩身願望の妥当性が確認されたことになる。(f) 現在体重と理想体重：現在の体重と理想の体重についてそれぞれ記述するように求めた。今よりも大きい体重を理想としている者のデータを先述のとおり分析から除くために使用した。

実施手続き　買い物場面と海水浴場面に関しては，順番の影響を避けるためにカウンターバランスをとり，買い物場面の次に海水浴場面，もしくは，海水浴場面の次に買い物場面といった2つのパターンの調査票を作成し配付した。親密度や対象の性別に関しては，友人，知人，他人の親しい順に，また，同性を先に配置した[45]。各場面について，1分間の時間を設け，目を閉じて想像するように教示した。その後合図をおこない，それぞれの対象についての質問への回答を求めた。1つの場面について全員が回答し終わってから，もう一方の

場面に進み，同様の手続きでおこなった。

時　　期　2006年12月から2007年5月に実施した。

実施方法　主に講義中に実施した。なお，倫理的な配慮をおこない，同意を得た者のみを対象として実施した。

結　果

予備的検討　はじめに，状態痩身願望が特性の痩身願望と関連しているか確認をおこなった。各場面における状態痩身願望と特性痩身願望の関連について検討したところ，買い物状況において$r=.66$，$p<.001$，海水浴状況において$r=.64$，$p<.001$であり，場面毎の想定された痩身願望は特性としての痩身願望に同程度に関連していることが確認された。このことから，状態痩身願望を扱うことは妥当であることが確認されたと判断した。

次に，両場面における状態痩身願望の喚起の程度を確認した。買い物場面における状態痩身願望の平均値は5.48（$SD=3.24$），海水浴場面における状態痩身願望の平均値は7.16（$SD=2.95$）であった。海水浴場の方が0.1％水準で有意に高値であり，海水浴場の方で状態痩身願望がより強く喚起していることが示された。なお，買い物場面での状態痩身願望の程度は必ずしも十分に大きいものではなかったが，このまま分析を進めることとした。

親密度と対象の性別そして場面による体型印象管理予期と状態痩身願望の関連の差違　体型印象管理予期と状態痩身願望との関連について検討した。相関分析の結果をTable 22に示す。買い物場面では，各対象に対する体型ポジティブ印象予期および体型ネガティブ印象予期と状態痩身願望との間に正の中程度の関連があることが確認された（それぞれ，rs$=.45\sim.60$，rs$=.37\sim.57$，ps$<.001$）。海水浴場面でも，同様にそれぞれ正の中程度の関連があることが確認された（それぞれ，rs$=.48\sim.65$，rs$=.40\sim.56$，ps$<.001$）。

---

[45] 本来は，ここでもカウンターバランスを取るのがよいと考えられる。しかし，具体的な場面を提示して比較的想定しやすくしているとはいえ，いきなり「見知らぬ人」からの評価についての予期を尋ねても想定するのが難しく，その結果として適切な回答が得られない可能性も考えられた。そこで，あえて想定のしやすさを優先し，カウンターバランスを設定しないこととした。

なお，買い物場面では，体型ポジティブ印象予期と体型ネガティブ印象予期ともに，「知人」が「友人」や「他人」に比し，状態痩身願望との関連が強い傾向にあり，海水浴場面では，「知人」と「他人」が「友人」に比し，状態痩身願望との関連が強い傾向にあることが確認された。そして，両場面において，どの親密度においても，「異性」と状態痩身願望との関連が「同性」とのそれよりも強いという結果であった。ただし，場面による大きな違いは確認されなかった。

以上，場面や対象によってある程度は異なりながら，体型印象管理予期が場面における痩身願望と関連していることが確認されたと言える。

親密度と対象の性別そして場面による体型印象管理予期の差違　両場面の親密度と対象の性別ごとの体型印象管理予期の程度についての検討をおこなった。体型印象管理予期得点の平均値をTable 23に示す。全体を概観すると，体型ポジティブ印象予期得点および体型ネガティブ印象予期得点はそれぞれ，海水浴場面が買い物場面よりも高く，知人の値が他よりも高く，また，異性の方が同性よりも高いことが示唆された。つまり，親密度については，所謂逆U字の形であることが確認された。

ここで，場面，親密度，対象の性別を独立変数，各対象に対する体型ポジティブ印象予期得点を従属変数とした実験参加者内の3要因分散分析をおこなった

Table 22　買い物場面と海水浴場面における体型印象管理予期得点と状態痩身願望得点のピアソンの積率相関係数

		買い物場面		海水浴場面	
体型ポジティブ印象予期		同　性	異　性	同　性	異　性
	友人	.45 ***	.57 ***	.48 ***	.60 ***
	知人	.55 ***	.60 ***	.55 ***	.65 ***
	他人	.48 ***	.52 ***	.52 ***	.65 ***
体型ネガティブ印象予期		同　性	異　性	同　性	異　性
	友人	.37 ***	.47 ***	.40 ***	.52 ***
	知人	.52 ***	.57 ***	.47 ***	.56 ***
	他人	.47 ***	.49 ***	.47 ***	.54 ***

注）$N = 235$．*** $p < .001$

ところ（Table 24），場面，親密度，対象の性別の主効果は有意であり（それぞれ，$F(1, 234) = 148.4$, $p<.001$, $F(1.7, 405.7) = 17.4$, $p<.001$, $F(1, 234) = 126.7$, $p<.001$），親密度と対象の性別の交互作用も有意であった（$F(1.9, 433.8) = 20.0$, $p<.001$）。同性における親密度の単純主効果は有意であり（$F(1.7, 811.3) = 27.8$, $p<.001$），多重比較（Ryan法）の結果，友人よりも他人が有意に高値であり（$p<.001$），また，他人よりも知人が有意に高値であった（$p<.01$）。なお，知人は友人よりも有意に高値であった（$p<.001$）。異性における親密度の単純主効果は有意であり（$F(1.7, 811.3) = 7.9$, $p<.001$），多重比較（Ryan法）の結果，知人が友人と他人よりも有意に高値（$ps<.01$）であった。友人と他人には有意差は認められなかった。友人，知人，他人のそれぞれにおける対象の性別の単純主効果は，すべて有意であり（$F(1, 702) = 165.8$, $p<.001$, $F(1, 702) = 64.6$, $p<.001$, $F(1, 702) = 56.2$, $p<.001$），どちらも異性の方が高値であった。

場面，親密度，対象の性別を独立変数，各対象に対する体型ネガティブ印象予期得点を従属変数とした実験参加者内の3要因分散分析をおこなったところ（Table 24），場面，親密度，対象の性別の主効果は有意であり，（それぞれ，$F(1, 234) = 114.5$, $p<.001$, $F(1.7, 403.0) = 39.1$, $p<.001$, $F(1, 234) = 131.4$, $p<.001$），親密度と対象の性別の交互作用および場面と対象の性別の交互作用も有意であった（$F(1.9, 439.2) = 10.6$, $p<.001$, $F(1, 234) = 5.6$,

Table 23　買い物場面および海水浴場面における体型印象管理予期得点の平均値および標準偏差

		買い物場面				海水浴場面			
		同性		異性		同性		異性	
体型ポジティブ印象予期	友人	2.83	(1.83)	3.77	(1.92)	3.83	(1.98)	4.73	(1.92)
	知人	3.51	(1.89)	4.02	(1.96)	4.43	(1.89)	5.06	(1.80)
	他人	3.25	(1.95)	3.74	(2.13)	4.17	(2.05)	4.75	(1.97)
体型ネガティブ印象予期		同性		異性		同性		異性	
	友人	2.09	(1.43)	2.77	(1.67)	2.81	(1.72)	3.64	(1.94)
	知人	2.80	(1.65)	3.22	(1.81)	3.54	(1.80)	4.14	(1.91)
	他人	2.60	(1.68)	3.06	(1.93)	3.43	(1.93)	3.99	(2.01)

注）括弧内は標準偏差。

Table 24 場面と親密度と対象の性別を独立変数,体型ポジティブ印象予期得点と体型ネガティブ印象予期得点をそれぞれ従属変数とした分散分析結果

体型ポジティブ印象予期			
場面（A）	F (1, 234)	=	148.4 ***
親密度（B）	F (1.7, 405.7)	=	17.4 ***
性別（C）	F (1, 234)	=	126.7 ***
A×B	F (1.8, 422.8)	=	0.0
B×C	F (1.9, 433.8)	=	20.0 ***
C×A	F (1, 234)	=	0.9
A×B×C	F (1.9, 453.8)	=	1.1
体型ネガティブ印象予期			
場面（A）	F (1, 234)	=	114.5 ***
親密度（B）	F (1.7, 403.0)	=	39.1 ***
性別（C）	F (1, 234)	=	131.4 ***
A×B	F (1.8, 418.6)	=	0.4
B×C	F (1.9, 439.2)	=	10.6 ***
C×A	F (1, 234)	=	5.6 *
A×B×C	F (2.0, 467.4)	=	0.3

注）A×Bは親密度と性別の交互作用，B×Cは親密度と性別の交互作用，C×Aは性別と場面の交互作用，A×B×Cは場面と親密度と性別の2次の交互作用。
$N = 235$，*$p<.05$，***$p<.001$

$p<.05$）。同性における親密度の単純主効果は有意であり（F (1.7, 806.0) = 49.0，$p<.001$），多重比較（Ryan法）の結果，知人と他人が友人よりも有意に高値であった（$ps<.001$）。なお，知人と他人には有意差は認められなかった。異性における親密度の単純主効果は有意であり（F (1.7, 806.0) = 20.2，$p<.001$），多重比較（Ryan法）の結果，知人と他人が友人よりも有意に高値であった（$p<.001$）。友人，知人，他人のそれぞれにおける対象の性別の単純主効果は，すべて有意であり（$F(1, 702) = 145.6$，$p<.001$，F (1, 702) = 66.9，$p<.001$，F (1, 702) = 66.4，$p<.001$），異性の方が高値であった。また，場面と対象の性別について単純主効果検定をおこなったところ，買い物場面と海水浴場面のそれぞれにおける対象の性別の単純主効果は有意であり（F

$(1, 468) = 75.5$, $p < .001$, $F (1, 468) = 122.9$, $p < .001$), どちらも異性の方が高値であった。また, 異性と同性のそれぞれにおける場面の単純主効果は有意であり ($F (1, 468) = 83.3$, $p < .001$, $F (1, 468) = 117.4$, $p < .001$), どちらも海水浴場面の方が高値であった。

場面毎に単純主効果検定および多重比較を行った場合の結果を, 平均値とともにFigure16に示す[46]。

考　察

研究8においては, 痩身の印象管理モデルにおける体型印象管理予期と痩身願望の関連について, 他者の性質や場面も考慮したうえで明らかにすると同時に, 対象の性質や場面による体型印象管理予期そのものの差違についての確認もおこなった。

はじめに, 親密度と対象の性別, そして場面による体型印象管理予期と痩身願望の関連の差違について検討したところ, 比較的日常的な場面である買い物場面と, 身体が露出され体型が他者に一目でわかる海水浴場面の両者において, すべての対象への印象管理予期が状態痩身願望に関連していることが明らかになった。そして, 買い物場面では, 体型ポジティブ印象予期と体型ネガティブ印象予期ともに, 「知人」が「友人」や「他人」に比し, 状態痩身願望との関連が強く, 海水浴場面では, 「知人」と「他人」が「友人」に比し, 状態痩身願望との関連が強いことが確認された。そして, 両場面において, どの親密度においても, 「異性」と状態痩身願望との関連が「同性」とのそれよりも強いという結果であった。つまり, 性別については異性の方が, 親密度についてはその親密さの程度が中くらいもしくは低い方が, 体型印象管理予期と状態痩身願望が強く関連していることが明らかになった。ただし, 場面による大きな違いは確認されなかった。このことから, 少なくとも今回扱った範囲内では, 親

---

[46] 実質的に, 両場面では同様の得点パターンであり, 有意差が認められた箇所も同様であった。場面を含む交互作用が認められた部分もあったが, 内容としては, 得点の差の大小の程度が異なるだけであった。そこで, わかりやすさを優先し, ここでは, それぞれの場面の平均値とともに, 場面をマージした親密度と対象の性別の単純主効果および多重比較の結果のみを記載している。

134　第Ⅲ部　痩身の印象管理モデル

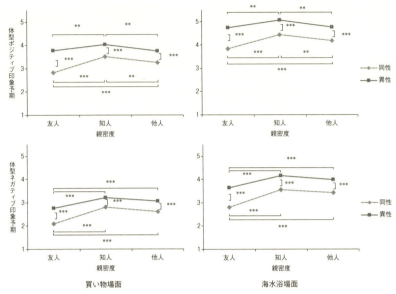

Figure 16　場面毎の体型印象管理予期得点と単純主効果検定および多重比較の結果
注) $**p<.01$, $***p<.001$

密度と対象の性別により多少の差が認められるにしても，場面にかかわらず，体型印象管理予期と痩身願望が関連していることが示され，痩身の印象管理モデルの妥当性が示されたと言える。対象による関連の程度の差については，以降の体型印象管理予期そのものの差違とあわせてあらためて考察する。

　体型印象管理予期そのものの対象や場面による差異は以下のとおりである。まず，親密度については，両場面そして同性と異性の両方において，知人の体型印象管理予期が他に比べ比較的高いという結果が示された。知人は友人ほどに親密度が高くないため，評価も十分に安定していない存在といえる。また，他人に比べ，今後も関係性が継続する可能性が高く，今後の評価が変化していく可能性が高い存在でもある。このように，関係性の予期を意識したうえで注意深く印象管理をおこなっていく必要があるため，知人に対する体型印象管理予期が高いという結果になったと考えられる。

　また，友人に対する体型印象管理予期は，全体的に，知人よりも低く，他人

と同程度もしくは他人よりも低い値であった。そして，体型ポジティブ印象予期においては，その傾向が大きいことも確認された。一般的に，友人とは関係性が比較的安定し，そのため，評価もそれなりに安定している。体型についても，衣服に覆われているとはいえ，普段から視線に曝されており，すでに評価は固まっていると考えられる。また，親しいほど外見以外の要因が重要になることも知られている。親しいほど，体型が印象に及ぼす影響が小さいと考え，他の対象よりも体型についての評価を強く意識する必要性がないために，体型印象管理予期が低いという結果になった可能性がある。

ところで，友人に対する体型印象管理予期は痩身願望とそれなりに関連していることも示されている。知人や他人に対してよりも体型印象管理予期の喚起の程度は低い。しかし，痩身に対する意識は喚起しており，このように何かしらの対象に対して多少なりとも体型印象管理予期が喚起していることが，蔓延している痩身志向性の維持の原因の一端となっている可能性もある。

本研究においては，必ずしも親密度が低いほど体型印象管理予期が高いという直線的な増加は示されていない。対象ごとの体型印象管理予期は，同性・異性ともに，大まかには逆U字型，つまり，親しさが半知りの相手の印象管理予期が最も高いという結果であった。また，海水浴場面においては，見知らぬ他人に対する体型印象管理予期は，親しい相手に対するそれよりも高値であったが，半知りの知人におけるそれとの間には違いが認められず，少なくとも親密度により直線的な関連を有しているわけではなかった。羞恥心について対人不安の自己呈示モデル（Leary, 1983）を援用して検討した佐々木他（2005）においては，自己呈示の主観的確率に対応した自己イメージ損傷度は，心理的距離が遠いほど大きいという結果を示しており，今回はそのパターンと異なっている。

なお，今回の結果から，女性が意識する視線の範囲は幅広いことが示唆された。他人に対する体型印象管理予期は知人に対するそれと同程度であり，少なくとも友人に対するそれよりも高い。つまり，相互作用を未だもたない見知らぬ人からの外見についての評価を，すでに関係の築かれている相手からの評価よりも意識しているということである。また，他人に対する体型印象管理予期が痩身願望に関連していることも確認されている。女性はすれ違う人にでさえ

も痩せたらきれいだと思われるというメリット意識を有していることも示されている（羽鳥，1999）。外見が第一印象において果たす役割は極めて重要であるため，相手から受容されるためにその側面での印象管理が意識されるのは不思議なことではない。女性が日常生活において常に体型についての他者の視線，ひいては評価を意識しているということを示唆していると言える。

　対象の性別の差異については，異性の方が体型印象管理予期が大きいという結果が得られた。Leary & Miller（2000）は，ロマンチックで性的な関係への期待など，同性が与えてくれるもの以上のものを異性が与えてくれることから，人は同性よりも異性に与える印象に関心が強いとしている。また，多くの人にとって同性との相互作用の方が多いことから（Reis, Senchak & Solomon, 1985），異性関係が不足し，より価値があるため，同性よりも異性に望ましい印象を与えることに関心があるとされている（Leary & Miller, 2000）。特に青年期において異性の評価は重要であり，そのため，今回のような結果が得られた可能性が考えられる。また，同性の友人間では日常において頻繁に評価が繰り返され，すでに評価が固定しているために，異性ほどには体型によって印象を変化させることができないと思っている可能性もある。

　しかし，場面によっては同性の影響力が強いという結果が得られる可能性も残されている。同性との相互作用が多いのであれば，相互作用が多い同性からの評価に対して常に敏感に備えていると考えることもできる。例えば，松井他（1983）において，装いは同性の仲間や級友と比べ合い競い合う面が少なくないとの指摘もなされており，外見に関しては，相互作用の多い同性の視線も十分に影響していると考えられる。同性の視線をより意識するような場面においては，今回とは異なる対象の性別の影響が確認されるかもしれない。今後，他の場面についても検討することが重要であろう。

　場面の差異については，全体的に，海水浴場面における体型印象管理予期は買い物場面におけるそれよりも高値であることが示された。海水浴という場面においては，身体の露出が大きく，体型が明確に他者の知るところになるという特徴がある。そのため，体型についての意識が喚起されやすい。身体が顕わとなる水着を着用した場合に，体型についての意識が喚起され，身体の羞恥心が生じやすいことも知られている（Fredrickson et al., 1998）。今回，海水浴

という場面の性質上，身体についての意識が買い物場面より喚起され，その結果として体型印象管理予期も買い物場面より強く喚起された可能性がある。

　日常生活においても，体型を意識する程度が異なれば，体型印象管理予期の喚起の程度も異なってくる可能性はある。同じ買い物場面であっても，書籍の購入場面と，身体の形を意識するような衣服の購入場面とでは，体型印象管理予期の程度が異なることはあり得るであろう。多くの場面を扱い検討を重ねることにより，場面という要因の性質について明らかにすることができると考えられる。

　なお，対象と場面において交互作用が認められているが，それぞれの水準において単純主効果の生じ方は同じパターンを示しており，もう一方の水準間の差異の程度に若干の違いが認められるだけであった。つまり，特定の条件での効果が逆向きに生じるといったものではなく，ほぼ同一のパターンでその高低の程度が異なるといった内容であった。さらに，その差異の程度は実質的には小さいものであった。場面を超えて共通の機序が働いている可能性が考えられる。

　ところで，全体として，体型印象管理予期の得点そのものはそれほど大きな値ではなかった。買い物場面における体型印象管理予期の平均値は，選択肢の理論的中点と同程度か，それよりも低値であった。また，海水浴場面における体型印象管理予期の平均値は，買い物場面よりも高値ではあるが，選択肢の理論的中点をそれほど大きく上回るものではなかった。対象による体型印象管理予期の差異は両場面ともに確認され，対象の影響が確認されてはいる。そして，友人，知人，そして他人という幅広い他者に対する体型印象管理予期が痩身願望と正に関連し，若年女性において日常生活における体型についての幅広い他者の視線，ひいては評価への意識が痩身願望に関連していることも示唆されてはいる。しかし，印象管理予期の喚起の程度の実質的な大きさについては不明である。日々の少しの体型印象管理予期の積み重ねが，最終的に痩身願望の元となり，ひいては痩身希求行動へといたっていると考えられるが，今後は，その点についても留意し検討していく必要があろう。

　また，各対象そして場面ごとの体型印象管理予期と状態痩身願望の関連の強さに加え，各対象そして場面ごとの体型印象管理予期の程度をあわせて考える

と，興味深い知見が得られたといえる。それは，各対象の体型印象管理予期と状態痩身願望の関連の程度は，比較的，体型印象管理予期そのものの程度に対応しているということである。つまり，対象によって体型を意識する程度が異なり，体型印象管理予期の喚起の程度も異なり，結果として，痩身願望への影響の程度も異なっているということが示唆される。比較的普遍的な「他者からの評価に対する意識」が存在し，それが対象によって顕在化している可能性がある。外見は言語によるコミュニケーション等とは異なり，呈示する相手や状況によって即座に変化させることはできないが，各対象の背景にある「他者からの評価に対する意識」がその場面や焦点をあてた対象により喚起している可能性はある。海水浴場面においては，親密度が低い相手である見知らぬ人に対しての印象管理予期が半知りの相手に対するそれと大きく異ならないことが示されたが，これは，海水浴という状況においては身体の露出が大きいために体型が明確に他者の知るところとなるため，その影響力が大きく現れた可能性がある。このように，「他者からの評価に対する意識」というものが存在し，それが対象や場面によって顕在化しているとみなすことが適切な可能性が示唆されたと考えられる。

　ただし，場面において体型印象管理予期の程度は異なるが，それと痩身願望との関連の程度には違いが認められない。喚起のしやすさと痩身願望への関連の程度は場面を超えて比較的一貫している。つまり，それぞれの場面での喚起の幅は異なるが，その幅の中で喚起されたものが，どの場面でも同程度に痩身願望に影響しているということである。この点は，今後検討を重ねる必要があろう。

　以上，体型印象管理予期において，親密度や対象の性別という対象の要因がどのような影響力を有しているかについて明らかになった。そして，痩身の印象管理モデルの精査もおこなうことができたと考えられる。ただし，本研究では限られた親密度，また，限られた場面について扱っている。それらと性別の組み合わせの影響の程度は他の場面においては異なってくる可能性もある。この点は，さらに検討していくことが有用であろう。

　また，今回は印象管理の予期についてしか扱っておらず，他の印象管理に関連する要因，例えば，印象管理の動機や，今後の関係性への期待（Leary &

Miller, 2000) などについては扱っていない。体型印象管理の予期と動機，そして対象との今後の関係性への予期など，痩身願望への影響が想定される諸要因について今後複合的に扱うことにより，痩身の印象管理モデルにおける機序が一層明らかになると考えられる。

第Ⅳ部

総　論

　第Ⅰ部においては，多くの日本人女性が自分の体型に不満をもち，また，さらに痩せたいと思い，そして，痩せるために痩身希求行動をおこなっていることを概観した。また，痩身を装いとして位置づけ，印象管理の観点から検討することを提案した。第Ⅱ部において，痩身が装いの一つとして扱いうることを実証的に示した。そして，第Ⅲ部においては，装いの対他的機能の枠組みから痩身の印象管理モデルを構築し，そのモデルの妥当性の検討と精査をおこなった。第Ⅳ部では，これまでの内容についてまとめ，その意義を述べるとともに，問題点や今後の課題について述べることとする。

第11章 ま と め

第1節 本書の概要

　本書は，痩身および痩身希求行動について，その背景にある心理的機序を解明することを目的とした。日常生活においては，いたるところで痩身や痩身希求行動に関する商品やサービスを目にするが，痩身や痩身希求行動の背景にある心理的機序については十分に検討がなされているとは言い難い状況であった。精神医学や臨床心理学の領域における摂食障害の原因として扱われた研究，健康心理学の領域において肥満の治療方法として扱われた研究などはあったが，そこでは，なぜ痩せようとするのか，そして，なぜ痩身希求行動をおこなうのか，また，そこではどのような心理が働いているのかについて，十分に明らかにしてはいなかった。

　本書では痩身を，外観変化である装いの一つと位置づけ，さらに，装いの対他的機能に焦点をあて，印象管理の観点から検討した。全体として明らかになったのは以下のとおりである。研究1，研究2，研究3および研究4によって，痩身が装いの一つであること，そして，それは独特の位置づけであり，また，他の装いの前提条件的な位置づけであることなどが明らかになった。従来，痩身を装いの中で実証的に扱った研究は見られなかったが，これらの研究により，痩身および痩身希求行動についての新たなアプローチを切り開いたといえる。これらの研究をふまえ，痩身を装いの中に位置づけたうえで，痩身の印象管理モデルを提示し，装いの心理的機能の一つである対他的機能について検討をおこなった。研究5により，賞賛獲得・拒否回避欲求は体型印象管理予期に影響し，体型印象管理予期は痩身願望に影響し，さらに痩身願望は痩身希求行動に

影響するという痩身の印象管理モデルの妥当性が示された。さらに，研究6，研究7によって，痩身の印象管理モデルにおける調整要因について明らかにした。そして，研究8において，印象を与える他者の種類の影響，また，場面の影響についても明らかにした。一連の研究により，痩身や痩身希求行動の背景にある心理的機序の一端が明らかになり，ひいては，痩せるということの意味を明らかにすることができたと考えられる。さらに，痩身を装いの枠組みで検討することの有用性についても示すことができたと言える。

第2節　本書の意義

　本書には，大きく2つの意義があると考えられる。1つ目は，痩身を装いの中に位置づけることが有用であることを示したことである。2つ目は，痩身を印象管理のメカニズムで説明可能なことを示したことである。

　痩身を装いの一つとして位置づけることを提案し，また，それが可能であることを実証的に示したことは，非常に意義があると考えられる。従来は，摂食障害の原因や肥満の解決手段といった位置づけによる検討が主であったが，その観点からの検討には限界が認められた。しかし，本書によって，痩身を，化粧やピアッシングなどの一般の人が普通におこなう装いの一つとして位置づけることが可能であることを示した。また，その枠組みで検討することにより，従来の観点からでは明らかにできなかった部分について光をあてることができた。このことにより，痩身と痩身希求行動の背景にある心理をより適切に捉えることができるようになったといえよう。さらに，痩身が他の装いの前提条件として位置づけられていることも示唆され，より一層，装いにおける痩身の位置づけとその意義について明らかになったと考えられる。従来の研究において痩身を装いのなかに実証的に位置づけようとする試みはおこなわれておらず，本書はその点で極めて独自性を有している。本書で明らかになった装いにおける痩身の位置づけや機序についての知見は，非常に有益であると考えられる。

　装いの心理的機能の一つである対他的機能に関する部分について，印象管理という観点から説明可能であることを示したことも，意義があったと考えられる。このことにより，痩身をより深く検討することが可能となった。他者に受

容されるために痩身が求められ，そして，その目的達成のための手段として痩身希求行動がおこなわれているということが示されたことから，痩身願望に適応的な側面が存在することが示されたといえる。また，印象管理という観点からの検討は，痩身を学術的に扱いうることを十分に示したと考えられる。従来，痩身や装いについては，理論的枠組みに基づいた研究はあまりおこなわれておらず，理論化も特になされてこなかった。しかし，本書によって，印象管理という理論的枠組みからの検討が可能であること，そして，それが有用であることが示されたと言える。このことは，痩身の研究，さらに，装いの研究の今後の発展可能性の一端を拓いたと考えられる。

　ところで，本書のデータは，痩身や痩身希求行動についてだけではなく，印象管理についても有益な知見を提供し得たと考えられる。従来の印象管理の研究においては，場面によって変化させることが可能な行動について扱われることが多かった。例えば，初対面場面での発話などが挙げられる。しかし，本書で扱った痩身と痩身希求行動は，比較的長期にわたり継続するという特徴を有している。つまり，その場その場で印象を管理するのではなく，将来において他者に与える印象を念頭におき，それに向けて継続するといった性質を有している。さらに，呈示する他者を限定できないという特徴もある。発話は特定の相手，もしくは，近くにいて発話が聞こえる範囲の人にのみ伝達されることが多い。つまり，限定された対象を想定しての印象管理がおこなわれることが多い。しかし，体型の場合，その場その場で変更できず，それを目にするすべての人に伝達がおこなわれる。例えば，デートの相手だけでなく道行く見知らぬ人の目にまで体型が映ってしまう。つまり，印象を与える対象を限定できないという性質を有している。このような特徴を有した印象管理のプロセスについての検討は多くはなく，本論文で得られた知見は，印象管理そのものの検討においても有益なものであると考えられる。

　本書の研究枠組みと，そこで得られた知見は独自性を有し，そして，社会心理学の他のテーマ，また，臨床心理学や健康心理学などの関連するテーマの研究に寄与することが期待される。今回得られた知見は，あくまでも一般の若年女性を対象にしたものである。しかし，この知見は他の対象に適用したり，他の研究アプローチと結びつけることが可能と考えられる。今後は，そのような

観点も視野に入れて展開していくことが有用であろう。

　また，今回得られた知見は，実社会への貢献も可能と考えられる。痩身希求行動は一般の人に広く見られる現象であり，決して特殊なことではない。マーケティングとも密接に関連している。痩身希求行動について，同様に広くおこなわれている装いの枠組みで扱っていくことは，ともするとメディアに振り回されがちな消費社会において，振り回されずに自分らしく生きるための術を提供することにつながるかもしれない。この枠組みからの今後の研究が期待される。

第3節　本書における研究の問題点

装いにおける痩身の位置づけについて

　装いのなかの痩身の位置づけについて検討をおこなったが（研究１），そこにはいくつかの限界がある。装いのなかの痩身の位置づけを確認するにあたり，イメージを尋ねてその回答を使用しているが，位置づけの確認に使用したイメージの内容は，予備的な分析結果から精選したものに限定されている。自由記述データにより広く得たイメージ項目であったが，その精選の過程で，いくつか特に痩身希求行動に関連した項目が落ちてしまった。他の装いに共通しない軸であったためと考えられるが，痩身希求行動のイメージを測定するには有効な軸とも考えられ，その軸の扱いについて今後考慮する必要がある。あえて，痩身希求行動に特有のイメージの軸を基準とし他の装いの位置づけを検討するという方法も有用かもしれない。

　また，今回は行動面，つまり痩身希求行動について尋ねている。痩身希求行動ではなく痩身とし，状態について扱った場合には，多少傾向が変わってくる可能性もある。この点も，今後の検討課題である。

対他的機能と対自的機能

　本書では，痩身の心理的機能のなかで，主に対他的な機能に焦点をあてて検討をおこなったが，痩身の心理的機能はそれだけではない。対自的機能もあり，そのことは本書においても確認されている。外見の満足，そして，身体の満足

は，自尊感情や自己の肯定感に関連していることが知られている。今後は，自分の目という対自的機能についての検討が必要である。そのことにより，いっそう痩身および痩身希求行動の心理的機序が解明されると期待される。

　また，痩身による対他的機能が対自的機能に影響を及ぼすのか，それとも，その逆の影響が見られるのかについては不明である。他者からの評価により自分自身の評価が変化する，具体的には，外見を他者に褒められることによって自分に肯定的になれる，という方向性も考えられる。石井（2003）が述べるように，美の獲得は，本人がきれいになったと思うだけではなく他者の承認があってこそ成り立つものかもしれない。印象管理と関連する集団所属理論（Baumeister & Leary, 1995）においても，他者の受容により自己が受容されるという方向性が言及されている。

　しかし，痩身による対自的機能が対他的機能に影響を及ぼす可能性も十分に考えられる。つまり，自分に満足してから他人の目に臨み評価を受ける，ということである。化粧や衣服，また，髪型などが納得できる状態でないと，他者の前で消極的になるということは日々の生活で体験することである。また，いくら他人から容姿を褒められても，自分が満足していなければ，他人の評価には耳をかさないということもある。つまり，自分の満足が先にあり，そのうえで，他者の評価を意識するという方向性も考えられる。外見についての意識が自己評価と密接に関連していることは多くの研究で示されている（e.g., 眞榮城, 2000）。自己の評価も他者の評価に劣らず重要である。

　このように，他者からの受容と自己の受容には双方向の影響が考えられる。そしてそれは，どちらかからどちらへという一方的なものではなく，循環的に影響し合っている可能性が考えられる。双方向，そして，循環的な影響を考えると，集団所属理論のように，他者から受け入れられることが先にあるということは，少なくとも外見に関しては適用できない可能性がある。しかし，本研究では循環的な影響についての検討をおこなっていない。痩身および痩身希求行動の心理的機序を明らかにするためには，自分の目という観点についても扱い，両機能から検討することが必要である。

対象の年齢層と文化差

　今回の結果は，あくまでも若年女性のデータのみを対象として得られたものである。他の年齢層においては異なった結果が得られる可能性もあるため，その点は注意する必要があろう。女性は年代に関係なく男性よりも外見や体重を重要なものとしており（Pliner, Chaiken, & Flett, 1990），また，痩身願望や痩身希求行動は若年層に限定されるものではない。例えば，第1章に示したように，30代以上の年代においても，年々BMIが低下してきていることが確認されている。そのため，30代以上の年代においても痩身希求行動がおこなわれていることが推測される。ただし，BMIが低下してきているとはいえ，20代に比べるとその値は大きい。20代と30代ではそもそも体型が異なっており，また，30代の方がBMIが大きい。30代以降の痩身は，実際の体型の変化やそれに関連する健康面の問題が大きな要因となっている可能性もある。

　今回の結果（研究2）においては，「健康」についての体型結果予期と痩身願望の関連が低かったが，これは，若く，そして他の年代に比べ痩せている20代を対象としたために得られた結果である可能性も考えられる。さらに，そのことを考慮すると，痩身の印象管理モデルも，30代以降にはそのまま適用できない可能性もある。若年女性を対象とした研究においては，健康よりも容姿を意識している（西岡他，1993；渡辺他，1997）ことが示されている。しかし，他の年代では同様の結果が得られるとは限らない。このように，年代により痩身の目的や動機，そしてそれらと実際の痩身希求行動との関連性は異なってくる可能性もある。そのため，今回対象とした年代よりも上の年代を対象として検討する必要もある。

　また，今回対象とした年代よりさらに低い年代においても，このモデルが支持されるかについては不明である。第二次性徴で体型は変化し，そこを境に身体への不満が上昇することが知られているが，それよりも前に痩身願望を有し，また，痩身希求行動をおこなっている者が存在することが知られている。第二次性徴の前後における変化も含め，検討することが有用である。

　文化差を論じるのは難しいが，装いという点では文化差についても考慮する必要がある。痩身を含む装いにはそもそも文化による違いが認められる。何を美とし，どのように評価するかは文化によって異なる（e.g., 大坊，2007）。痩

身をよしとする文化は西欧諸国や日本，また，他の国において見受けられるものである。今回の痩身の印象管理モデルが，痩せをよしとしている他の文化において，同様に支持されるか検討することも有用であろう。

　逆に肥満をよしとする文化も存在する。太っていることこそ美人とされている国，日々の食料が豊富とは言えない発展途上国においては，今回のモデルは支持されないであろう。むしろ，痩身ではなく肥満の印象管理モデルが支持されるかもしれない。もしそのモデルが支持されるのであれば，その時には，痩身も肥満も含めた体型の印象管理モデルが構築され，広い範囲での体型にかかわる心理を明らかにすることができる。その際は，痩身−肥満だけでなく，鍛え上げられた筋肉質の身体なども含めて扱うことも考えられる。

　ところで，体型や体型についての意識は，痩身をよしとする文化の中でも異なっている。例えば，アメリカは肥満大国といわれ，痩身とのズレは日本よりも大きい。そのため，健康面での問題が大きく，その観点での意識が異なる可能性が考えられる。痩身をよしとする文化内での比較も重要と考えられる。

　そして，人種によってそもそも体格が異なっているため，体型に対する意識を検討する際には，比較的近い体格である東南アジア圏との比較をおこなうことも有用と考えられる。藤瀬（2001）は，日本人とアジア地区留学生と欧米地区留学生の体型認識や理想体重等を比較し，日本人女性はアジア地区留学生と同じくらいのBMIであるのに対し，痩せていたり標準であっても太ってると認識していることを報告している。また，日本人女性とアジア地区留学生は痩せを理想とし，欧米人は普通を理想としていることも明らかにしている。そして，日本の痩身希求行動は単に体重を減らすためや痩せるためのものであるという傾向が強いが，欧米ではプロポーションの形成，基礎体力の向上，および健康増進のためのダイエット（シェイプアップ）であるという意味の違いがあり，これが，現実の体型や理想体型に対する意識の違いに結びついているとしている。このように，体型に対する認識などに文化差が存在する。文化差について，単なる痩身願望や体型の違いだけでなく，その背景にあるものの違いについて検討していくことが，痩身や装いの心理的機序の解明に寄与すると考えられる。

　また，文化によりそもそも他者との関係性は異なっている可能性があり，そ

れが原因となり，文化によって他者からの評価への意識と痩身願望との関連性が異なっている可能性がある。Mukai et al. (1998) は，痩身願望等と社会的承認欲求の関連について日本人とアメリカ人を対象に検討をおこない，日本でのみ両者の関連が認められたとしている。ここでは，痩身願望だけでなくダイエットや食行動異常などもひとまとまりとして扱っており，純粋に痩身願望と承認欲求との関連について明らかにしているわけではない。しかし，両者の関連の文化差を示唆するものである。また，他者の性別に関しては，異性に対しての印象が価値があるとされているが (Leary, 1983)，同性や異性との関係性とその認識も文化によって異なる。その点でも，文化の違いを考慮した検討が必要と言える。

以上のように，他の年齢層や異なる文化圏の人などを対象として検討することにより，痩身を含む装いの心理的機序について，年齢や文化による普遍的な部分，そして特殊的な部分を明らかにすることが重要と考えられる。

他者の影響

本書では，他者からの承認を扱ってきたが，他者とどのくらい体型についての会話をするかという観点，また，どのくらい体型を比較するかという観点，そして，同調と競争という観点からの検討も有用である。山下・鹿島 (1999) は，痩せて美しくなりたいと思う心の奥に，「みんなと同じでないと不安」という気持ちがあることが少なくないことを指摘し，皆が細いから自分も痩せようとするという心理的背景が存在すると述べている。装いにも同調という側面があるが (松井他，1983)，痩身にも同じ側面があると言える。つまり，周囲の人と同じ体型になることにより安心感を得るというプロセスが働いている可能性がある。廣金他 (2001) においても，女子中学生の痩せたい理由の一つに「みんな細いから」という回答があることが示されており，すでに中学生の段階で，同調のための痩身が意識されていると言える。ブランドを通した自己呈示についてまとめた柴田 (2003) は，そこに差異化や同調などによる自己呈示があると述べているが，装いにおける同調という印象管理が痩身においても存在していると考えられる。

本書において，拒否回避欲求から痩身希求行動へのルートが確認されたが，

Arkin（1981）が「不承認を強く懸念する人は批難を回避するための戦略として同調を使用する」（p.327）と述べているように，この拒否回避からのルートが痩身の同調に影響を与えている可能性がある。痩身の同調に関しては，装いの同調という枠組みを援用しての検討が可能と考えられ，今後の課題と言える。

　さらに，同調だけでなく競争という観点からの検討も必要である。西岡他（1993）のダイエットの動機と実行・関心について扱った研究において，友達が痩せているという内容について「はい」と回答した者のBMIは，そうでない者のBMIに比べ高値であることが示されており，より痩せている人との比較をおこなっている可能性が示唆される。シルエット図を使用して青年期を対象におこなわれた研究においても，女性は平均と思っている体型よりもさらに痩せた体型を理想としていることが示されている（e.g., Fallon & Rozin, 1985；鈴木, 2014）。また，青年期より若い対象でも，同様の結果が得られている（e.g., Collins, 1991；竹内他, 1991）。竹内他（1991）は，女性は単に標準体重以下になりたいというのではなく他人よりも痩せたいと思っていると述べている。また，女性の痩せようとする行為は他者に対する相対的なものであり競争心とも関連するとし，女性間での競争の存在を示唆している。第1章で述べたように，若年女性のBMIは年々低下している。これは，多くの人が周囲の人と比較しながら痩身をめざし次々と平均の基準が低くなった競争の結果なのかもしれない。杉森・菅原（2004）は，これをダイエット・マラソンと称している。化粧においても，同性の目については，仲間や級友と比べ合い競い合う面が少なくない（松井他, 1983）とされている。この競争という観点からの検討も，今後の課題である。

メディアの影響

　痩身願望に及ぼすメディアの影響については，多くの研究にて言及されており，その影響についての実証的な研究も数多くおこなわれている。そこでは，メディアが人々の身体不満や痩身願望に対して影響を及ぼすという結果が得られている。竹内他（1991）は，太っていると自己評価した女性の自尊感情が低いことから，痩せを賛美する文化的背景を考慮する必要があるとしており，その一つとしてマスメディアの発達という要因を挙げている。装い自体がメ

ディアや経済マーケットと密接に関わっているものであり，痩身についてもそれらとの関連は無視することはできない。メディアとの接触頻度，または，メディアに対する態度などが身体不満や痩身願望に対して及ぼす影響についての実証的研究を重ねていく必要がある。

装いの害悪

　装いは場合によっては身体に害となる場合もある。纏足などは足の先が腐るという事態を引き起こしたとも言われている。ピアスやタトゥーも，穴をあけたりする際に痛みを生じ，また，化膿してしまう場合もあれば，アレルギー反応が生じる場合もある。日焼けも，場合によっては，皮膚ガンになってしまうこともある。美容整形においても，後に問題が生じる場合があることが知られている。実際に，比較的多くの人々が，このような問題（装い起因障害；おしゃれトラブル）を経験していることが示されている（鈴木・矢澤，2014，2016）。装いをおこなったその時点では良くても，一定期間後の影響を考えた場合に，決して良い結果のみ得られるとは限らない。

　痩身も同様に害となる場合がある。肥満は様々な疾患とも関連しており健康ではないとされるが[47]，極度の痩身も身体にとって健康とは言えない。成長期や妊娠の時期は特に害が大きい。方法によっては，身体への害が大きい痩身希求行動もある。特定の食品しか食べないという方法，逆に脂肪分など特定の食品を食べないという方法は，栄養バランスの点からも問題である。また，痩身希求行動の一つの方法としておこなわれることもある嘔吐などは，身体への負担が大きく，場合によっては低カリウム血症によって死にいたることもある。さらに，痩身達成の失敗を繰り返すうちに，頭のなかが体重や食べ物のことでいっぱいになったり，うつ状態になったり過食嘔吐を繰り返したり，はては，摂食障害に陥ることもある（e.g., 切池，2000）。

　このように装いや痩身により問題が生じる場合もあるが，対策はあるのであろうか。例えば，装いの一つである日焼けについて扱ったJones & Leary（1994）は，外見動機づけ[48]が高い場合は，日焼けの害についてのメッセージに対して

---

[47] 一部反証データが存在するようである。

リアクタンスが生じてしまうことを実験にて示している。痩身希求行動においても同様のことが言えるかもしれない。摂食障害の予防として痩身願望や痩身希求行動に対する予防プログラムなども作成されてはいるが，それらが十分に効果があるかどうかは，現段階では十分に知見が蓄積されているとは言い難い。目の前の満足を求めて装いはおこなわれることが多く，先々まで考慮したうえで装いをおこなう人は少ないようである。そのために，予防が十分に機能しないのかもしれない。

　将来において害が生じるような装いは，健康で幸せな生活という点で問題となる。装いや痩身における心理教育は，心身ともに健康的な生活をおくるうえで重要であり，その方法を十分に検討していく必要がある。その際には，時間的展望や衝動性などの軸を用いて検討することも有用であろう。

第4節　おわりに

　身体は人間すべてが有しているものであり，また，自己の一部である。そして，身体の外観を変化させるために用いられる装いも，同様に，自己に密接に関連しており，日常生活において，様々な点で大きな影響を自他ともに及ぼしている。

　見た目に対しての興味・関心，また，こだわりは，文化や時代を問わず見受けられる現象である。また，世代や性別も問わない。外観を変化させるための行為，つまり装いに関連する商品やサービスは日常生活にあふれており，メディアにおける記述も極めて多い。さらに，装いは，自己概念や精神的健康にも関連している。近年，医療や福祉の現場での精神的ケアに用いられるなど，活用されている場面もある。一方，化粧品の皮膚トラブル，ダイエット薬の健康への被害，エステや美容整形におけるトラブルなど，様々な社会的問題が生じている。経済マーケットと切り離すことができないものでもある。

　見た目，そして装いは非常に重要なテーマである。しかし，印象を受ける側を対象とした研究，つまり印象形成についての研究は古くから数多くおこなわ

前ページ48　ここでは公的自己意識が外見動機づけとして扱われている。

れているのに対し，見た目を整え印象を与える側の心理的機序については，これまで研究が十分におこなわれてきたとは言い難い。特に痩身および痩身希求行動の心理的機序についての社会心理学的観点からの実証的な研究はほとんどなされていない。痩身を装いのなかに位置づけて自己や他者との関連性から検討した研究はさらに少なく，皆無と言える。これは，テーマが学術的ではないとみなされることが多いため，体系的な研究がおこなわれず，ますますマイノリティとなってしまったことが，原因の一端と言える。しかし，繰り返しになるが，身体や装いは自己の一部であり，日常生活に密接に関連する重要なテーマである。

　このような状況で，痩身および痩身希求行動の心理的機序の解明を目的とした本書は，様々な有益な知見をもたらしたと考えられる。本書は，痩身を装いの一つと位置づけたこと，また，印象管理の枠組みで扱ったことが特徴的と言える。そのことにより，痩身および痩身希求行動の心理的機序について，従来とは異なるアプローチによる実証的かつ有益な知見を提供し得た。また，装いを扱う社会心理学領域をはじめとする他の領域，そして他分野における研究にも有益な知見をもたらし，新たなアプローチからの検討が可能であることをも示し得た。当該領域での今後の研究において，新たな方向性からの取り組みがなされ発展していくことが期待される。

　見た目，そして装いについて，社会心理学的観点から実証的知見をもってその心理的機序を明らかにすることは，「人は見た目ではない」という観念と現実場面での認識の間に生じている葛藤状態が顕在化・慢性化し，さらに問題化している現代において，その問題解決に寄与することが可能と期待される。見た目についての意識が高まり，また，問題も生じている昨今，より見た目や装いについての研究が蓄積され，その知見が我々の日常生活に還元されることが望まれる。

引用文献

赤松利恵・大竹恵子・島井哲志（2003）．減量における意思決定バランス尺度と行動変容の段階―減量の意思決定バランス尺度（DBI）日本語版作成と信頼性，妥当性の検討― 健康心理学研究, 16, 1-9.

飽戸弘（1982）．化粧意識と化粧行動の研究 飽戸弘・鈴木裕久・田崎篤郎・嶋田智光（著）経済心理学―マーケティングと広告のための心理学（pp.85-95）朝倉書店

Allen, K. M., Thombs, D. L., Mahoney, C. A., & Daniel, E. L. (1993). Relationships between expectancies and adolescent dieting behaviors. *Journal of School Health*, 63, 176-181.

安藤清志（1994）．見せる自分／見せない自分―自己呈示の社会心理学 サイエンス社

安藤清志（1999）．印象操作 中島義明・安藤清志・子安増生・坂野雄二・繁桝算男・立花政夫・箱田裕司（編） 心理学辞典 有斐閣

阿保真由美・村澤博人（2000）．女性の体型の悩み ポーラ文化研究所ライフスタイルレポート No.76〈http://www.po-holdings.co.jp/csr/culture/bunken/report/pdf/001211taikei.pdf〉（2013年8月28日）

Arkin, R. M. (1981). Self presentation styles. In J. T. Tedeschi (Ed.), *Inpression management: Theory and social psychological research* (pp.311-333). New York: Academic Press.

浅野千恵（1996）．女はなぜやせようとするのか―摂食障害とジェンダー 勁草書房

馬場安希・菅原健介（1999）．女子青年における瘦身願望の意味に関する研究―女性は瘦身に何を求めているのか― 日本心理学会第63回大会発表論文集, 729.

馬場安希・菅原健介（2000）女子成年における瘦身願望についての研究 教育心理学研究, 48, 267-274.

馬場謙一・村山久美子・松井比登美（1981）．青年期女性における身体像の発達的変化 群馬大学教育学部紀要・人文社会科学編, 31, 263-273.

Bandalos, D. L. (2002). The effects of item parceling on goodness-of-fit and parameter estimate bias in structural equation modeling. *Structural Equation Modeling*, 9, 78-102.

Baumeister, R. F., & Leary, M. R. (1995). The need to belong: Desire for interpersonal attachments as a fundamental human motivation. *Psychological Bulletin*, 117, 497-529.

Baumeister, R. F., Tice, D. M., & Hutton, D. G. (1989). Self-presentational motivations and personality differences in self-esteem. *Journal of Personality*, 57, 547-579.

Collins, M. E. (1991). Body figure perceptions and preferences among preadolescent children. *International Journal of Eating Disorders*, 10, 199-208.

Cooper, Z., Fairburn, C. G., & Hawker, D. M. (2003). *Cognitive-behavioral treatment of*

obesity: A clinician's guide. New York: Guilford Press. (クーパー Z. フェアバーン C. G. ホーカー D. M. 小牧元 (監訳) (2006). 肥満の認知行動療法―臨床家のための実践ガイド　金剛出版)
大坊郁夫 (1992). 外見印象管理におけるブランド選択と流行意識　北星学園大学文学部北星論集, 29, 91-113.
大坊郁夫 (1997). 魅力の心理学　ポーラ文化研究所
大坊郁夫 (2007). 社会的脈絡における顔コミュニケーションへの文化的視点　対人社会心理学研究, 7, 1-10.
Daly, J. A., Hogg, E., Sacks, D., Smith, M., & Zimring, L. (1983). Sex and relationship affect social self-grooming. *Journal of Nonverbal Behavior, 7,* 183-189.
Demello, M. (2007). *Encyclopedia of body adornment.* Westport, CT: Greenwood Press.
Dion, K., Berscheid, E., & Walster, E. (1972). What is beautiful good. *Journal of Personality and Social Psychology, 24,* 285-290.
DuBois, D. L., Felner, R. D., Brand, S., Phillips, R. S. C., & Lease, A. M. (1996). Early adolescent self-esteem: A developmental-ecological framework and assessment strategy. *Journal of Research on Adolescence, 6,* 543-579.
Eagly, A. H., Ashmore, R. D., Makhijani, M. G., & Longo, L. C. (1991). What is beautiful is good, but...: A meta-analytic review of research on the physical attractiveness stereotype. *Psychological Bulletin, 110,* 109-128.
Fallon, A. E., & Rozin, P. (1985). Sex difference in perception of desirable body shape. *Journal of Abnormal Psychology, 94,* 102-105.
Feingold, A. (1992). Good-looking people are not what we think. *Psychological Bulletin, 111,* 304-341.
Flügel, J. C. (1930). *The psychology of clothes.* London: Hogarth Press.
Franko, D. L., & Omori, M. (1999). Subclinical eating disorders in adolescent women: A test of the continuity hypothesis and its psychological correlates. *Journal of Adolescence, 22,* 389-396.
Fredrickson, B. L., Roberts, T. A., Noll, S. M., Quinn, D. M., & Twenge, J. M. (1998). That swimsuit becomes you: Sex differences in self-objectification, restrained eating, and math performance. *Journal of Personality and Social Psychology, 75,* 269-284.
藤本未央・池田千代子・森田光子・宮城重二 (1999). 女子大学生の肥満度とボディイメージ・ライフスタイル・セルフエスティームとの関連　女子栄養大学紀要, 30, 219-225.
藤瀬武彦 (2001). 日本人青年女性における体型の自己評価と理想像―アジア人及び欧米人青年女性との比較―　新潟国際情報大学情報文化学部紀要, 4, 105-122.
藤田知子 (2000). ダイエットブームの実態と背景―女性雑誌を通しての考察―　生活社会科学研究, 7, 65-79.
藤原康晴 (1987). 女子大生の好きな被服のイメージと自己概念との関連性　日本家政学雑誌, 38, 593-598.
福島治 (1996). 身近な対人関係における自己呈示―望ましい自己イメージの呈示と自尊

心および対人不安の関係— 社会心理学研究, 12, 20-32.

Gammage, K. L., Hall, C. R., & Ginis, K. A. M. (2004). Self-presentation in exercise contexts: Differences between high and low frequency exercisers. *Journal of Applied Social Psychology, 34*, 1638-1651.

Garner, D. M., Olmstead, M. P., & Polivy, J. (1983). Development and validation of a multidimentional eating disorder inventory for anorexia nervosa and bulimia. *International Journal of Eating Disorders, 2*, 15-34.

Graham, J. A., & Jouhar, A. J. (1980). Cosmetics considered in the context of physical attractiveness. *International Journal of Cosmetic Science, 2*, 77-101.

Graham, J. A., & Jouhar, A. J. (1981). The effects of cosmetics on person perception. *International Journal of Cosmetic Science, 3*, 199-210.

Guerrero, L. K. (1997). Nonverbal involvement across interactions with same-sex friends, opposite-sex friends and romantic partners: Consistency or change? *Journal of Social and Personal Relationships, 14*, 31-58.

Hakim, C. (2011). *Erotic capital: The power of attraction in the boardroom and the bedroom.* New York: Basic Books. (ハキム, C. 田口未和 (訳) (2012). エロティック・キャピタル—すべてが手に入る自分磨き 共同通信社)

羽鳥素子 (1999). 現代女性の痩身願望—痩身に対するメリット意識の構造— 平成11年度聖心女子大学卒業論文 (未公刊)

Hausenblas, H. A., Brewer, B. W., & Van Raalte, J. L. (2004). Self-presentation and exercise. *Journal of Applied Sport Psychology, 16*, 3-18.

平松隆円・牛田聡子 (2003). 化粧に関する研究 (第二報) —大学生の化粧関心・化粧行動・異性への化粧期待と個人差要因— 繊維製品消費科学, 44, 693-699.

平野和子 (2002). 女子学生のボディイメージとダイエット行動について 神戸文化短期大学研究紀要, 26, 1-12.

廣金和枝・木村慶子・南里清一郎・米山浩志・齊藤郁夫 (2001). 女子中学生のダイエット行動に関する研究—学校保健におけるダイエット行動尺度の活用— 学校保健研究, 40, 175-182.

本田周二・鈴木公啓 (2008). 賞賛獲得欲求・拒否回避欲求が対人葛藤時の対処行動に及ぼす影響 東洋大学21世紀ヒューマン・インタラクション・リサーチ・センター研究年報, 5, 143-147.

法政大学大原社会問題研究所 (1964). 日本労働年鑑・特集版・太平洋戦争下の労働者状態

Huon, G. F., & Strong, K. G. (1998). The initiation and the maintenance of dieting: Structural models for large-scale longitudinal investigations. *International Journal of Eating Disorders, 23*, 361-369.

飯田奈津江・鈴木公啓・清水直治 (2005). あがりと授業における集団構造との関連—授業におけるあがり尺度および集団構造尺度の作成を通して— 日本心理学会第69回大会発表論文集, 88.

稲沼邦夫 (1999). Anorexia Nervosaの兆候発現に関する一考察 児童青年精神医学とそ

の近接領域，*40*，252-266．

井上忠司（1977）．「世間体」の構造―社会心理史への試み―（NHKブックス）　日本放送出版協会

石田かおり（2000）．化粧せずには生きられない人間の歴史　講談社

石井政之（2003）．肉体不平等―人はなぜ美しくなりたいのか―　平凡社

泉本道子（1984）．自己呈示に関する研究―（1）構造モデル作成の試み―　甲南女子大学大学院心理学年報，*3*，15-32．

Jones, J. L., & Leary, M. R. (1994). Effects of appearance-based admonitions against sun exposure on tanning intentions in young adults. *Health Psychology, 13*, 86-90.

Kaiser, S. B. (1985). *The social psychology of clothing and personal adornment*. New York: Macmillan.

亀山（松岡）良子・白木まさ子（2001）．女子短大生のダイエット実施時期及びその方法に関する研究　学校保健研究，*43*，267-274．

金子元久・熊代永・青野哲彦（1990）．摂食障害の心理社会的発症要因と中・長期経過　心身医学，*30*，383-388．

片山彌生（1995）．痩身願望の女子短大生の実態　第33回全国大学保健管理研究集会報告書，77-81．

Killen, J. D., Taylor, C. B., Hayward, C., Wilson, D. M., Haydel, K. F., Hammer, L. D., Simmonds, B., Robinson, T. N., Litt, I., Varady, A., & Kraemer, H. (1994). Pursuit of thinness and onset of eating disorder symptoms in a community sample of adolescent girls: A three-year prospective analysis. *International Journal of Eating Disorders, 16*, 227-238.

Kiriike, N., Nagata, T., Sirata, K., & Yamamoto, N. (1998). Are young women in Japan at high risk for eating disorders?: Decreased BMI in young famales from 1960 to 1995. *Psychiatry and Clinical Neuroscience, 52*, 279-281.

切池信夫（2000）．摂食障害―食べない，食べられない，食べたら止まらない―　医学書院

切池信夫・金子浩二・池永佳司・永田利彦・山上榮（1998）．若年発症の摂食障害患者の検討　精神医学，*40*，389-394．

切池信夫・永田利彦・田中美苑・西脇新一・竹内伸江・川北幸男（1988）．青年期女性におけるBulimiaの実態調査　精神医学，*30*，61-67．

北川俶子・城戸摂子・武安典代・加藤達雄（1997）．摂食障害に関する研究（女子大学生における食行動，体重変動，心理状態に関する系統的調査研究）　食に関する助成研究調査報告書，*10*，115-125．

Kiyotani, Y., & Yokoyama, K. (2006). Relationships of eating disturbances to alexithymia, need for social approval, and gender identity among Japanese female undergraduate students. *Personality and Individual Differences, 41*, 609-618.

Kligman, A. M. (1985). Medical aspects of skin and its appearance. In J. A. Graham, & A. M. Kligman (Eds.), *The psychology of cosmetic treatments* (pp. 3-25). New York: Prager.（クリグマン，A. M.　早川律子（訳・監修）（1988）．化粧の心理学

週刊桂業）

小島弥生（2011）．防衛的悲観性と賞賛獲得欲求・拒否回避欲求の関連―2つの承認欲求がともに強い人の特徴について―　埼玉学園大学紀要　人間学部篇, 11, 67-74.

小島弥生・太田恵子（2009）．企業従業員の職務満足度に関する研究―職場での評価のあり方に対する認知と賞賛獲得欲求の影響力に着目して―　人間関係学研究：社会学社会心理学人間福祉学：大妻女子大学人間関係学部紀要, 11, 73-82.

小島弥生・太田恵子・菅原健介（2003）．賞賛獲得欲求・拒否回避欲求尺度作成の試み　性格心理学研究, 11, 86-98.

近藤洋子（2001）．青少年の体格とボディ・イメージの関連について　玉川学園・玉川大学体育・スポーツ科学研究紀要, 2, 23-32.

神山進（1994）．記号としての服装　木下冨雄・吉田民人（編）　記号と情報の行動科学（pp.189-222）福村出版．

神山進（1996）．被服心理学の動向　高木修（監修）大坊郁夫・神山進（編）　被服と化粧の社会心理学　北大路書房

神山進（2003）．被服の社会心理学的研究―特集号の刊行によせて　繊維製品消費科学, 44, 635-636.

厚生労働省（2013）．平成23年国民健康・栄養調査報告

厚生労働省（2016）．平成26年国民健康・栄養調査報告

久保由紀子・鈴木公啓（2007）．社会人のあがりと自己呈示に関わる個人特性との関連　日本パーソナリティ心理学会第16回大会発表論文集, 144-145.

倉元綾子（2000）．若者のダイエット経験と食生活の実態　鹿児島県立短期大学紀要, 51, 51-69.

栗林克匡（1995）．自己呈示：用語の区別と分類　名古屋大学教育学部紀要, 42, 107-114.

桑原礼子・栗原洋子（2003）．女子大生におけるやせ志向調査と栄養教育　鎌倉女子大学紀要, 10, 103-109.

Leary, M. R. (1983). *Understanding social anxiety: Social, personality, and clinical perspectives.* Beverly Hills, CA: Sage.（レアリー，M. R.　生和秀敏（監訳）（1990）．対人不安　北大路書房）

Leary, M. R. (1992). Self-presentational processes in exercise and sport. *Journal of Sport & Exercise Psychology, 14,* 339-351.

Leary, M. R., & Baumeister, R. F. (2000). The nature and function of self-esteem: Sociometer theory. *Advances in Experimental Social Psychology, 32,* 1-62.

Leary, M. R., & Jones, J. L. (1993). The social psychology of tanning and sunscreen use: Self-presentational variables as a predictor of health risk. *Journal of Applied Social Psychology, 23,* 1390-1406.

Leary, M. R., & Kowalski, R. (1990). Impression management: A literature review. *Psychological Bulletin, 197,* 34-47.

Leary, M. R., & Miller, R. S. (2000). Self-presentational perspectives on personal relationships. In S. W. Duck, & W. Ickes (Eds.), *The social psychology of personal relationships* (pp.129-155). Chichester, UK: Wiley.（レアリー, M. R.・ミラー, R. S. 大坊郁夫・和田実（監訳）(2004). パーソナルな関係の社会心理学　北大路書房）

Leary, M. R., Nezlek, J. B., Downs, D., Radford-Davenport, J., Martin, J., & McMullen, A. (1994). Self-presentation in everyday interactions: Effect of target familiarity and gender composition. *Journal of Personality and Social Psychology, 67,* 664-673.

Leary, M. R., Saltzman, J. L., & Georgeson, J C. (1997). Appearance motivation, obsessive-compulsive tendencies, and excessive suntanning in a community sample. *Journal of Health Psychology, 2,* 493-499.

Leary, M. R., Tambor, E. S., Terdal, S. K., & Downs, D. L. (1995). Self-esteem as an interpersonal monitor: The sociometer hypothesis. *Journal of Personality and Social Psychology, 68,* 518-530.

Leary, M. R., Tchividjian, L. R., & Kraxberger, B. E. (1994). Self-presentation can be hazardous to your health: Impression management and health risk. *Health Psychology, 13,* 461-470.

眞榮城和美（2000）．児童・思春期における自己評価の構造　応用社会学研究（東京国際大学大学院社会学研究科）, *10,* 63-82.

万代ツルエ（2004）．対人状況の違いによる自己呈示と対人不安の関係　甲南女子大学大学院論集, *2,* 27-57.

Martin Ginis, K. A., Lindwall, M., & Prapavessis, H. (2007). Who cares what other people think? In G. Tenenbaum, & R. C. Eklund (Eds.), *Handbook of sport psychology* (3 rd ed., pp.136-157). New York: John Wiley & Sons.

丸山千寿子・伊藤桂子・木地本礼子・今村素子・土井佳子・田中たえ子・阿部恒男・江澤郁子（1993）．女子学生における食行動異常に関する研究（第一報）―小学生高学年より大学生までのやせ願望とダイエットについて―　思春期学, *11,* 51-56.

枡田康・牛田聡子・永野光朗（1992）．自意識が身体像の評価に及ぼす影響（第1報）　繊維製品消費科学, *33,* 566-575.

松井豊・山本真理子（1985）．異性交際の対象選択に及ぼす外見的印象と自己評価の影響　社会心理学研究, *1,* 9-14.

松井豊・山本真理子・岩月恵美子（1983）．化粧の心理的効用　マーケティング・リサーチ, *21,* 30-41.

松本聰子・熊野宏昭・坂野雄二（1997）．どのようなダイエット行動が摂食障害傾向やbinge eatingと関係しているか？　心身医学, *37,* 425-432.

松本聰子・熊野宏昭・坂野雄二・野添新一（2001）体型や食事に関する信念尺度作成の試み―摂食障害における偏った思考パターンを探る―　心身医学, *41,* 335-342.

松浦賢長（2000）．女性雑誌に見るダイエット広告・記事の変遷　母子保健情報, *41,* 71-78.

松浦賢長・小林臻・飯島久美子・平山宗宏（1988）．女子大学生の体格意識に関する研究　小児保健研究, *47,* 673-676.

松澤佑次・井上修二・池田義雄・坂田利家・斎藤康・佐藤祐造・白井厚治・大野誠・宮崎滋・徳永勝人・深川光司・山之内男・中村正（2000）．新しい肥満の判定と肥満症

の診断基準　肥満研究, *6*, 18-28.
McArthur, L. H., & Howard, A. B.（2001）. Dietetics majors' weight-reduction beliefs, behaviors, and information sources. *Journal of American College Health, 49*, 175-181.
McFarlane, T., Polivy, J., & McCabe, R. E（1999）. Help, not harm: Psychological foundation for a nondieting approach toward health. *Journal of Social Issues, 55*, 261-276.
McVey, G. L., Pepler, D., Davis, R., Flett, G. L., & Abdolell, M.（2002）. Risk and protective factors associated with disordered eating during early adolescence. *Journal of Early Adolescence, 22*, 75-95.
Miller, L. C., & Cox, C. L.（1982）. For appearance's sake: Public self-consciousness and makeup use. *Personality and Social Psychology Bulletin, 8*, 748-751.
Mills, J. S., & Miller, J. L.（2007）. Experimental effects of receiving negative weight-related feedback: A weight guessing study. *Body image, 4*, 309-316.
溝口全子・松岡緑・西田真寿美（2000）．女子大学生のダイエット行動に及ぼす影響要因　日本看護科学会誌, *20*, 92-102.
Mukai, T., Kambara, A., & Sasaki, Y.（1998）. Body dissatisfaction, need for social approval, and eating disturbances among Japanese and American college women. *Sex Roles, 39*, 751-763.
中井義勝（1996）．摂食障害発見の手掛かり　日本医師会雑誌, *116*, 1077-1081.
中井義勝（1997）．Eating Disorder Inventory（EDI）を用いた摂食障害患者の心理特性の検討　精神医学, *39*, 47-50.
中井義勝・夏井耕之・岡野五郎（1999）摂食障害発症の成立過程について　思春期学, *17*, 46-51.
中井義勝・佐藤益子・田村和子・杉浦まり子・林純子（2004）．中学生，高校生，大学生を対象とした身体像と食行動および摂食障害の実態調査　精神医学, *46*, 1269-1273.
中村恵子・森貞子・佐藤卓吾・曽根貴貴・高岡健（1995）．15歳以前に発症した摂食障害の臨床的特徴—11年間の44例について—　小児の精神と神経, *35*, 109-115.
中村このゆ（2010）．摂食障害者と青年男女のボディイメージ，ダイエット体験，摂食態度，ジェンダー観　追手門学院大学心理学部紀要, *5*, 61-74.
中村小百合・任和子・生田美智子・須田恵子・安江智美（2005）．女子大学生のダイエット行動における変化ステージモデルと自己効力感との関係　滋賀医科大学看護学ジャーナル, *3*, 64-69.
中野広（1986）．女性の服装美と体型　繊維製品消費科学, *27*, 330-335.
中尾芙美子・高桑みき子（2000）．若年女性の肥満度別ボディ・イメージおよび性格特性について　聖徳大学研究紀要短期大学部, *33*, 103-109.
西川正之（1996）．被服による対人認知と印象管理　高木修（監修）大坊郁夫・神山進（編）被服と化粧の社会心理学　北大路書房
西岡光世・矢崎美智子・岩城宏明・桜井幸子・原田節子・大澤清二（1993）．若年女子の

ダイエット行動の動機に関する研究　学校保健研究, *35*, 543-556.
野上芳美（1981）. 不食と過食の精神病理　季刊精神療法, *7*, 5-11.
野口美恵子・高橋尚志・岡庭千代及（1999）. ダイエットに関する意識調査—女子短大生と高校生の比較—　明和学園短期大学紀要, *14*, 19-34.
野添新一（1999）. 全国的に増加している摂食障害患者の抱える問題と対策　日本医事新報, *3940*, 36-40.
O'Connell, D., & Velicer, W. F. (1988). A decisional balance measure and the stages of change model for weight loss. *The International Journal of the Addictions*, *23*, 729-750.
尾田貴子・橋本幸子・柏尾眞津子・土肥伊都子（2003）. おしゃれの二面性に関する研究—被服・化粧行動，心理的健康との関連—　繊維製品消費科学, *44*, 700-709.
荻布智恵・蓮井理沙・細田明美・山本由喜子（2006）. 若年女性の痩せ願望の現状と体型に対する自覚及びダイエット経験　生活科学研究誌, *5*, 1-9.
太田恵子・小島弥生（2004）. 職場での評価をどう意識するか　菅原健介（編著）　ひとの目に映る自己（pp.153-180）金子書房
長田雅喜（1994）. 印象操作と対人認知　木下冨雄・吉田民人（編）　記号と情報の行動科学（pp.238-249）福村出版
Paxton, S. J., Wertheim, E. H., Gibbons, K., Szmukler, G. I., Hillier, L., & Petrovich, J. L. (1991). Body image satisfaction, dieting beliefs, and weight loss behaviors in adolescent girls and boys. *Journal of Yourth and Adolescence*, *20*, 361-379.
Pliner, P., Chaiken, S., & Flett, G. L. (1990). Gender differences in concern with eating, weight, and physical appearance over the life span. *Personality and Social Psychology Bulletin*, *16*, 263-273.
Prochaska, J. O., & DiClemente, C. C. (1992). Stages of change in the modification of problem behaviors. In M. Herison, R. M. Eisler, & P. M. Miller (Eds.), *Progress in behavior modification* (pp.184-218). Newbury Park, CA: Sage.
Prochaska, J. O., & Velicer, W. F. (1997). The transtheoretical model of health behavior change. *American Journal of Health Promotion*, *12*, 38-48.
Prochaska, J. O., Velicer, W. F., Rossi, J. S., Goldstein, M. G., Marcus, B. H., Rakowski, W. R., Fiore, C., Harlow, L. L., Redding, C. A., Rosenbloom, D., & Rossi, S. R. (1994). Stage of change and decisional balance for 12 problem behaviors. *Health Psychology*, *13*, 39-46.
Reis, H. T., Senchak, M., & Solomon, B. (1985). Sex differences in the intimacy of social interaction: Futher examination of potential explanations. *Journal of Personality and Social Psychology*, *48*, 1204-1217.
Roach-Higgins, M. E., & Eicher, J. B. (1992). Dress and identity. *Clothing and Textiles Research Journal*, *10*, 1-8.
Rojo, L., Livianos, L., Conesa, L., Garcia, A., Dominguez, A., Rodrigo, G., Sanjuan, L., & Vila, M. (2003). Epidemiology and risk factors of eating disorders: A two-stage epidemiologic study in a Spanish population aged 12-18 years. *International*

Journal of Eating Disorders, 34, 281-291.
Rosenberg, M. (1965). *Society and the adolescent self-image*. Princeton, NJ: Princeton University Press.
Sabiston, C. M., & Crocker, P. R. E. (2005). Examining current-ideal discrepancy scores and exercise motivations as predictors of social physique anxiety in exercising females. *Journal of Sport Behavior, 28*, 68-85.
定廣英典・望月聡（2011）．演技パターンに影響を与える諸要因の検討―日常生活演技尺度の作成および賞賛獲得欲求・拒否回避欲求との関連　パーソナリティ研究, 20, 84-97.
齊藤茉梨絵・藤井恭子（2009）．「内面的関係」と「表面的関係」の2側面による現代青年の友人関係の類型的特徴―賞賛獲得欲求・拒否回避欲求および充実感からの検討―　愛知教育大学研究報告　教育科学編, 58, 133-139.
Santoncini, C. U., Garcia, F. J., & Peresmitre, G. G. (2006). Psychometric properties of the attitudes towards body figure questionnaire in Mexican female students and patients with eating disorders. *European Eating Disorders Review, 14*, 430-435.
笹川智子・猪口浩伸（2012）．賞賛獲得欲求と拒否回避欲求が対人不安に及ぼす影響　目白大学心理学研究, 8, 15-22.
佐々木淳・菅原健介・丹野義彦（2001）．対人不安における自己呈示欲求について―賞賛獲得欲求と拒否回避欲求との比較から―　性格心理学研究, 9, 142-143.
佐々木淳・菅原健介・丹野義彦（2005）．羞恥感と心理的距離との逆U字的関係の成因に関する研究―対人不安の自己呈示モデルからのアプローチ―　心理学研究, 76, 445-452.
Schlenker, B. R. (2005). Self-presentation. In M. R. Leary, & J. P. Tangney (Eds.), *Handbook of self and identity* (New ed., pp.492-518). New York：Guilford Press.
柴田典子（2003）．ブランドを通した自己呈示の類型とパーソナリティ　横浜市立大学紀要社会科学系列, 6, 41-80.
島田彰夫・伊藤武樹（1993）．女子学生の体格分布とダイエット　宮崎大学教育学部紀要・芸術・保健・体育・家政・技術, 75, 165-174.
白井利明（1989）．現代青年の時間的展望の構造（1）―大学生と専門学校生を対象に―　大阪教育大学紀要第Ⅳ部門, 38, 21-28.
新村出（編）（2008）．だいえっと【diet】　広辞苑（第6版）（p.1671）岩波書店
新村出（編）（2008）．そうしん【痩身】　広辞苑（第6版）（p.1625）岩波書店
新村出（編）（2008）．よそおい【装い】　広辞苑（第6版）（p.2904）岩波書店
Silberstein, L. R., Striegel-Moore, R. H., Timko, C., & Rodin, J. (1988). Behavioral and psychological implications of body dissatisfaction: Do men and women differ? *Sex Roles, 79*, 219-233.
Sinclair, J. (2014). "diet", *Collins Cobuild Advanced Learner's Dictionary* (8 th ed., p.426). Glasgow, UK: HarperCollins.
Spangler, D. L., & Stice, E. (2001). Validation of the beliefs about appearance scale. *Cognitive Therapy and Research, 25*, 813-827.

Stice, E., & Agras, W. S.(1998). Predicting onset and cessation of bulimic behaviors during adolescence: A longitudinal grouping analysis. *Behabior Therapy, 29*, 257-276.

Stice, E., Presnell, K., & Spangler, D.(2002). Risk factor for binge eating onset in adolescent girls: A 2-year prospective investigation. *Health Psychology, 21*, 131-138.

Striegel-Moore, R. H., Silberstein, L. R., Frensch, P., & Rodin, J.(1989). A prospective study of disordered eating among college students. *International Journal of Eating Disorders, 8*, 499-509.

Strong, K. G., & Huon, G. F.(1997). The development and evaluation of a Stage-Based Dieting Status Measure (DiSM). *Eating Disorders, 5*, 97-104.

菅原健介(1986). 賞賛されたい欲求と拒否されたくない欲求―公的自意識の強い人に見られる2つの欲求について― 心理学研究, 57, 134-140.

菅原健介(1998). シャイネスにおける対人不安傾向と対人消極傾向 性格心理学研究, 7, 22-32.

菅原健介(2000). 恋愛における「告白」行動の抑制と促進に関わる要因―異性不安の心理的メカニズムに関する一考察― 日本社会心理学会第41回発表論文集, 230-231.

菅原健介(編著)(2004). ひとの目に映る自己 金子書房

菅原健介(2005). 羞恥心はどこへ消えた 光文社

菅原健介・馬場安希(2001). 現代青年の痩身願望についての研究―男性と女性の痩身願望の違い 日本心理学会第65回大会発表論文集, 69.

菅原健介・cocoros研究会(2010). 下着の社会心理学―洋服の下のファッション感覚― 朝日新聞出版

杉森智徳(1999). ダイエットと食行動異常に関する研究―ダイエットから摂食障害へ至るプロセスの検討― 平成11年度東洋大学大学院文学研究科修士論文（未公刊）.

杉森智徳・菅原健介(2004). 女たちはなぜ痩せたがるのか？ 菅原健介(編著) ひとの目に映る自己(pp.131-152) 金子書房

鈴木幹子・伊藤裕子(2001). 女子成年における女性性受容と摂食障害傾向―自尊感情, 身体満足度, 異性意識を媒介として― 青年心理学研究, 13, 31-46.

鈴木公啓(2007). 摂食障害類似群（摂食障害予備軍）の位置づけについて―連続性/非連続性の検討― 臨床精神医学, 36, 445-451.

Suzuki, T.(2013). The relationship between positive and negative aspects of body outcome expectancy and normal/neurotic dieting behavior. *The 4th Asian Cognitive Behavior Therapy (CBT) Conference 2013 Tokyo.* （電子版(web)のため頁番号無し）

鈴木公啓(2014). 新しいシルエット図による若年女性のボディイメージと身体意識の関連についての再検討 社会心理学研究, 30, 45-56.

鈴木公啓・菅原健介・西池紀子・藤本真穂(2014). 男性における装いのこだわりと心理的効用および価値観―青年期から成人期にかけて― 対人社会心理学研究, 14, 17-25.

鈴木公啓・菅原健介・完甘直隆・五藤睦子（2010）．見えない衣服—下着—についての関心の実態とその背景にある心理的効用—女性の下着に対する"こだわり"の観点から—　繊維製品消費科学, 51, 113-127.

鈴木公啓・矢澤美香子（2014）．大学生及び短期大学生における装い起因障害の実態把握　フレグランスジャーナル, 42, 52-60.

鈴木公啓・矢澤美香子（2016）．成人日本人女性における装い起因障害の実態　フレグランスジャーナル, 44, 72-79.

社会実情データ図録 Honkawa Data Tribune（2011）．痩せすぎ女性比率の国際比較　社会実情データ図録 Honkawa Data Tribune. 2011年1月25日〈http://www2.ttcn.ne.jp/~honkawa/2205.html〉（2016年9月6日）

社会実情データ図録 Honkawa Data Tribune（2014）．日本人の体格（BMI）の変化　社会実情データ図録 Honkawa Data Tribune. 2016年5月22日〈http://www2.ttcn.ne.jp/honkawa/2200.html〉（2016年9月6日）

高木修（2001）．21世紀に開かれた被服社会心理学　繊維製品消費科学, 42, 63-64.

高萩健二・金子元久・熊代永・青野哲彦（1990）．神経性大食症における神経性無食欲症合併例と非合併例の心理的発症要因と臨床症状の比較検討　臨床精神医学, 19, 1415-1420.

竹内聡・早野順一郎・神谷武・堀礼子・向井誠時・藤波隆夫（1991）．ボディイメージとセルフイメージ（第1報）　心身医学, 31, 367-373.

田中久美子（1999）．なぜ，女性は容姿にこだわるのか？—相互依存性と自己対象化理論から—　京都大学大学院教育学研究科紀要, 45, 162-171.

田中久美子（2003）．青年期女子におけるダイエット食品に対する認知とその背景的要因について　京都大学大学院教育学研究科紀要, 49, 259-269.

田中久美子（2004）．青年期女子のダイエット行動に及ぼす友人関係のあり方と容姿に関する身体意識の影響　健康心理学研究, 17, 29-37.

谷口淳一（2007）．親密な異性関係における自己呈示に関する社会心理学的研究　平成18年度大阪大学大学院人間科学研究科博士論文（未公刊）

谷口淳一・大坊郁夫（2005）．異性との親密な関係における自己呈示動機の検討　実験社会心理学研究, 45, 13-24.

谷本奈穂（2008）．美容整形と化粧の社会学—プラスティックな身体—　新曜社

Tedeschi, J. T., & Norman, N. (1985). Social power, self-presentation, and the self. In B. R. Schlenker (Ed.), *The self and social life* (pp.293-322). New York: McGraw-Hill.

豊田秀樹（2001）．探索的ポジショニング分析—セマンティック・デファレンシャルデータのための3相多変量解析法—　心理学研究, 72, 213-218.

植竹桃子（1988）．衣服設計の立場からみた肥り痩せの意識　日本家政学会誌, 39, 711-723.

浦上涼子・小島弥生・沢宮容子（2013）．男女青年における痩身理想の内在化と痩身願望との関連についての検討　教育心理学研究, 61, 146-157.

浦上涼子・小島弥生・沢宮容子・坂野雄二（2009）．男子青年における痩身願望についての研究　教育心理学研究, 57, 263-273.

ワコール人間科学研究所（編）（2000）．からだのエイジングと美の法則―はじめて見えてきたエイジングの真実―　株式会社ワコール／広報室
Walster, E. Aronson, V., Abrahams, D., & Rottman, L. (1966). Importance of physical attractiveness and in dating choice. *Journal of Personality and Social Psychology, 4*, 508-516.
渡辺周一・山沢和子・佐竹泰子・松井信子・真鍋良子・上野良光・大森正英（1997）．青年期女子の体重観と日常生活　東海女子短期大学紀要, *23*, 91-105.
Webster, M. Jr., & Driskell, J. E. Jr. (1983). Beauty as status. *American Journal of Sociology, 89*, 140-165.
Wiseman, M. A., Gray, J. J., Mosimann, J. E., & Ahrens, A. H. (1992). Cultural expectations of thinness in women: An update. *International Journal of Eating Disorders, 11*, 85-89.
Wohlrab, S., Stahl, J., & Kappeler, P. M. (2007). Modifying the body: Motivations for getting tatooed and pierced. *Body Image, 4*, 87-95.
山田忠雄・柴田武・酒井憲二・倉持保男・山田明雄・上野善道・井島正博・笹原宏之（編）（2012）．よそおい（装い）　新明解国語辞典（第七版）(p.1563)　三省堂
山口明彦・森田勲・武田秀勝（2000）．痩せ願望青年期女子学生の「美容」か「健康」かの志向の違いによる体型および減量法に関する意識について　学校保健研究, *42*, 185-195.
山本ちか（2010）．大学生の全体的自己価値の検討　名古屋文理大学紀要, *10*, 15-22.
山本真理子・松井豊・山成由紀子（1982）認知された自己の諸側面　教育心理学研究, *30*, 64-68.
山下千代・鹿島晴雄（1999）．やせ願望の心理学　からだの科学, *207*, 74-78.
山崎清（1955）．人間の顔　読売新聞社
余語真夫・浜治世・津田兼六・鈴木ゆかり・互恵子（1990）．女性の精神的健康に与える化粧の効用　健康心理学研究, *3*, 28-32.
横山知行（1997）．摂食障害の時代変遷　臨床精神病理, *18*, 141-150.
吉岡毅・吉沢貴子・福田晴美（1997）．若い女性のボディーイメージと食行動について　東京家政学院大学紀要, *37*, 251-270.

索　引

人名索引

A
Abdolell, M.　89
Abrahams, D.　37
Agras, W. S.　22
Ahrens, A. H.　12
Allen, K. M.　19, 44, 61
Arkin, R. M.　31, 32, 34, 35, 75, 87, 88, 150
Aronson, V.　37
Ashmore, R. D.　38

B
Bandalos, D. L.　99, 115
Baumeister, R. F.　31, 85, 86, 94, 105, 147
Berscheid, E.　38
Brand, S.　46
Brewer, B. W.　45

C
Chaiken, S.　148
Collins, M. E.　151
Conesa, L.　22
Cooper, Z.　23
Cox, C. L.　37
Crocker, P. R. E.　19

D
Daly, J. A.　40, 91, 103, 123
Daniel, E. L.　19
Davis, R.　89
Demello, M.　25, 42, 49
DiClemente, C. C.　19, 23

D (cont.)
Dion, K.　38
Dominguez, A.　22
Downs, D. L.　31, 36
Driskell, J. E. Jr.　38
DuBois, D. L.　46, 111

E
Eagly, A. H.　38
Eicher, J. B.　25

F
Fairburn, C. G.　23
Fallon, A. E.　23, 151
Feingold, A.　38
Felner, R. D.　46
Fiore, C.　23
Flett, G. L.　89, 148
Flügel, J. C.　25, 48
Franko, D. L.　22
Fredrickson, B. L.　93, 126, 137
Frensch, P.　22

G
Gammage, K. L.　45, 89
Garcia, A.　22
Garcia, F. J.　19
Garner, D. M.　10
Georgeson, J. C.　37
Gibbons, K.　17
Ginis, K. A. M.　45
Goldstein, M. G.　23
Graham, J. A.　38
Gray, J. J.　12

168　索　引

Guerrero, L. K.　　35, 91

H
Hakim, C.　　38, 64
Hall, C. R.　　45
Hammer, L. D.　　22
Harlow, L. L.　　23
Hausenblas, H. A.　　45, 89
Hawker, D. M.　　23
Haydel, K. F.　　22
Hayward, C.　　22
Hillier, L.　　17
Hogg, E.　　40
Howard, A. B.　　19
Huon, G. F.　　12, 90
Hutton, D. G.　　94

J
Jones, J. L.　　39, 89, 152
Jouhar, A. J.　　38

K
Kaiser, S. B.　　25, 27, 31, 39, 42, 43, 48, 56, 57, 72, 85
Kambara, A.　　44
Kappeler, P. M.　　57
Killen, J. D.　　22
Kiriike, N.　　6, 8
Kiyotani, Y.　　44, 46
Kligman, A. M.　　31
Kowalski, R.　　31, 32, 33, 34, 88
Kraemer, H.　　22
Kraxberger, B. E.　　39

L
Leary, M. R.　　31-37, 39, 40, 44, 75, 85 -89, 91-93, 95, 96, 102, 103, 105, 135, 136, 139, 147, 150, 152
Lease, A. M.　　46
Lesley Hornby　レズリー・ホーンビー（ツイギー）　4

Lindwall, M.　　45
Litt, I.　　22
Livianos, L.　　22
Longo, L. C.　　38

M
Mahoney, C. A.　　19
Makhijani, M. G.　　38
Marcus, B. H.　　23
Martin Ginis, K. A.　　45
Martin, J.　　36
McArthur, L. H.　　19
McCabe, R. E.　　22
McFarlane, T.　　22
McMullen, A.　　36
McVey, G. L.　　89
Miller, J. L.　　43
Miller, L. C.　　37
Miller, R. S.　　31, 34, 35, 39, 40, 75, 85, 87, 91, 92, 96, 102, 103, 136, 139
Mills, J. S.　　43
Mosimann, J. E.　　12
Mukai, T.　　44, 46, 72, 150

N
Nagata, T.　　6
Nezlek, J. B.　　36
Noll, S. M.　　93
Norman, N.　　33

O
O'Connell, D.　　19, 23, 60
Olmstead, M. P.　　10
Omori, M.　　22

P
Paxton, S. J.　　17, 19
Pepler, D.　　89
Peresmitre, G. G.　　19
Petrovich, J. L.　　17
Phillips, R. S. C.　　46

Pliner, P.   148
Polivy, J.   10, 22
Prapavessis, H.   45
Presnell, K.   22
Prochaska, J. O.   19, 23

Q
Quinn, D. M.   93

R
Radford-Davenport, J.   36
Redding, C. A.   23
Reis, H. T.   136
Rakowski, W. R.   23
Roach-Higgins, M. E.   25
Roberts, T. A.   93
Robinson, T. N.   22
Rodin, J.   19, 22
Rodrigo, G.   22
Rojo, L.   22
Rosenberg, M.   107
Rosenbloom, D.   23
Rossi, J. S.   23
Rossi, S. R.   23
Rottman, L.   37
Rozin, P.   23, 151

S
Sabiston, C. M.   19
Sacks, D.   40
Saltzman, J. L.   37
Sanjuan, L.   22
Santoncini, C. U.   19
Sasaki, Y.   44
Schlenker, B. R.   31, 32
Senchak, M.   136
Silberstein, L. R.   19, 22, 61
Simmonds, B.   22
Sinclair, J.   12
Sirata, K.   6
Smith, M.   40

Solomon, B.   136
Spangler, D. L.   19, 22, 60
Stahl, J.   57
Stice, E.   19, 22, 60
Striegel-Moore, R. H.   19, 22
Strong, K. G.   12, 90
Suzuki, T.   121
Szmukler, G. I.   17

T
Tambor, E. S.   31
Taylor, C. B.   22
Tchividjian, L. R.   39
Tedeschi, J. T.   33
Terdal, S. K.   31
Thombs, D. L.   19
Tice, D. M.   94
Timko, C.   19
Twenge, J. M.   93

V
Van Raalte, J. L.   45
Varady, A.   22
Velicer, W. F.   19, 23, 60
Vila, M.   22

W
Walster, E.   37, 38
Webster, M. Jr.   38
Wertheim, E. H.   17
Wilson, D. M.   22
Wiseman, M. A.   12
Wohlrab, S.   57

Y
Yamamoto, N.   6
Yokoyama, K.   44, 46

Z
Zimring, L.   40

あ

青野哲彦　22
赤松利恵　5, 19, 23, 60
浅野千恵　23, 91, 102
飽戸弘　28, 29, 30
阿部恒男　5
阿保真由美　11
安藤清志　33, 86, 88
飯島久美子　9
飯田奈津江　35
生田美智子　14
池田千代子　11
池田義雄　5
池永佳司　22
石井政之　25, 26, 42, 49, 147
石田かおり　25, 42, 49
井島正博　26
泉本道子　34
伊藤桂子　5
伊藤武樹　14, 15, 21
伊藤裕子　46
稲沼邦夫　22
井上修司　5
井上忠司　92
猪口浩伸　35
今村素子　5
岩男恵美子　29
岩城宏明　15
植竹桃子　64, 72
上野良光　16
上野善道　26
牛田聡子　37
浦上涼子　18, 35, 88, 90
江澤郁子　5
大澤清二　15
太田恵子　35
大竹恵子　5
大野誠　5
大森正英　16
岡庭千代及　15
岡野五郎　22

か

荻布智恵　9, 16
長田雅喜　33
尾田貴子　29

柏尾眞津子　29
鹿島晴雄　150
片山彌生　16, 17, 21
加藤達雄　5
金子浩二　22
金子元久　22
神谷武　9
神山進　26, 28, 29, 30
亀山（松岡）良子　15, 21
川北幸男　9
木地本礼子　5
北川倰子　5, 64, 72
城戸摂子　5
木村慶子　18
切池信夫　9, 22, 152
熊野宏昭　13, 18
熊代永　22
倉持保男　26
倉元綾子　11, 13, 15, 16, 21
栗林克匡　33
栗原洋子　9, 10, 15, 17, 21
桑原礼子　9, 10, 15, 17, 21
小島弥生　18, 35, 76, 88, 97
五藤睦子　35
小林臻　9
近藤洋子　5, 9, 11, 16, 21

さ

齊藤郁夫　18
齊藤茉梨絵　35
斎藤康　5
酒井憲二　26
坂田利家　5
坂野雄二　13, 18, 35
桜井幸子　15
笹川智子　35

佐々木淳　　35, 36, 87, 88, 91, 92, 102, 123, 135
笹原宏之　26
佐竹泰子　16
定廣英典　35
佐藤卓吾　22
佐藤益子　11
佐藤祐造　5
沢宮容子　18, 35
柴田武　26
柴田典子　150
島井哲志　5
島田彰夫　14, 15, 21
清水直治　35
白井厚治　5, 72
白木まさ子　15, 21
完甘直隆　35
新村出　3, 12, 26
菅原健介　4, 10, 14, 17, 18, 22, 32-36, 60, 61, 66, 71, 75, 87, 88, 90, 92, 93, 95, 96, 97, 100, 101, 107, 114, 124, 128, 151
杉浦まり子　11
杉森智徳　14, 18, 60, 61, 85, 151
鈴木公啓　22, 23, 35, 91, 151, 152
鈴木幹子　46
鈴木ゆかり　30
須田恵子　14
曽根靖貴　22

た

大坊郁夫　29, 30, 31, 36, 38, 39, 71, 85, 91, 148
互恵子　30
高岡健　22
高木修　26
高桑みき子　9, 11, 21
高荻健二　22
高橋尚志　15
竹内聡　9, 16, 23, 151
竹内伸江　9
武田秀勝　9
武安典代　5
田中久美子　5, 37, 44, 46
田中たえ子　5
田中美苑　9
谷口淳一　36, 40, 91, 123
谷本奈穂　112
田村和子　11
丹野義彦　35, 36
津田兼六　30
土井佳子　5
徳永勝人　5
土肥伊都子　29
豊田秀樹　54

な

中井義勝　10, 11, 22
中尾芙美子　9, 11, 21
永田利彦　9, 22
中野広　64, 72
永野光朗　37
中村恵子　22
中村このゆ　17
中村小百合　14, 90
中村正　5
夏井耕之　22
南里清一郎　18
西池紀子　35
西岡光世　15, 19, 148, 151
西川正之　39
西田真寿美　14
西脇新一　9
任和子　14
野上芳美　4
野口美恵子　15, 17, 21, 72
野添新一　18, 22

は

橋本幸子　29
蓮井理沙　9
羽鳥素子　18, 43, 60, 61, 64, 71, 92,

124, 136	松本聰子　13, 14, 18, 85
馬場謙一　11, 21	真鍋良子　16
馬場安希　10, 17, 18, 22, 35, 60, 61,	丸山千寿子　5, 14
66, 71, 87, 88, 90, 92, 93, 95, 96, 97,	万代ツルエ　36
100, 101, 107, 114, 124, 128	溝口全子　14, 15
浜治世　30	宮城重二　11
林純子　11	宮崎滋　5
早野順一郎　9	向井誠時　9
原田節子　15	村澤博人　11
平野和子　9, 11, 13, 15, 21	村山久美子　10
平松隆円　37	森貞子　22
平山宗宏　9	森田光子　11
廣金和枝　18, 64, 72, 150	森田勲　9
深川光司　5	
福島治　35, 103	**や**
福田晴美　5	矢崎美智子　15
藤井恭子　35	矢澤美香子　152
藤瀬武彦　10, 15, 149	安江智美　14
藤田知子　13, 23	山上榮　22
藤波隆夫　9	山口明彦　9, 10, 11, 21
藤本真穂　35	山崎清　26
藤本未央　11, 21	山沢和子　16
藤原康晴　29	山下千代　150
望月聡　35	山田明雄　26
細田明美　9	山田忠雄　26
堀礼子　9	山成由紀子　107
本田周二　35	山之内国男　5
	山本ちか　111
ま	山本真理子　29, 38, 107, 109, 111
眞榮城和美　147	山本由喜子　9
枡田康　37	横山知行　4
松井信子　16	吉岡毅　5
松井比登美　10	吉沢貴子　5
松井豊　29, 30, 38, 107, 137, 150, 151	米山浩志　18
松浦賢長　9, 13, 14, 21	
松岡緑　14	**わ**
松澤佑次　5	渡辺周一　16, 72, 148

事項索引

A-Z
BMI（Body Mass Index）　5, 20, 65, 97, 106, 114, 148
diet　12
exercize　12
Thin is beautiful　17, 42, 64
transtheoretical model　19, 23

あ
アクセサリー　25, 42, 50-51
衣装　24, 42, 50-51
一時的‐永続的　25, 42, 49, 57
衣服　24, 42, 51, 76, 147
印象管理（操作）　i, 31-32, 38, 45, 48, 71, 75-76, 83, 85-87, 90, 94, 96, 102-103, 113, 120, 123, 128, 141, 143-144, 153
印象管理の効力感　86, 88, 91, 95
印象管理の欲求　87-87, 91, 95
印象管理への動機づけ　75, 90
印象管理予期　92, 127
印象形成　32, 153
エクササイジング　41
エクササイズ　44, 89
お歯黒　31

か
外観　24, 41, 143, 153
外見　1, 24, 32, 37, 72, 89, 136, 147
　――動機づけ　37, 89, 152
カロリー摂取量　8
気分的・生理的変化　30
拒否回避欲求　35, 48, 75-76, 80, 87, 89-90, 94-96, 143, 150
首輪により引き伸ばされた首　25
化粧　24, 37, 43, 45, 50-51, 76, 93, 123, 144, 147, 153
健康　16, 22, 42, 60, 63, 65, 148

効力感　87, 89

さ
自己　33, 37, 45, 60, 63, 71, 147, 153
自己呈示　32, 35, 40, 86, 91, 95, 102, 135, 150
　――欲求　86
自尊感情　31, 46, 94, 105-106, 111, 120, 147
社会的機能　27
社会的相互作用　39
集団所属理論　147
主観的成功確率　86
賞賛獲得欲求　35, 48, 75-76, 87, 89-90, 94-96, 143
承認　32, 34, 44, 46, 48, 60, 63, 75, 86
　――欲求　34, 46, 76, 87, 102, 150
食行動異常　21, 47
所属の欲求　31
身体装飾　24
身体的‐外部的　25, 42, 49, 57
身体不満　44, 151
身体変工　25
身体保護機能　27, 64
心理的機能　28, 48, 59, 63, 71, 83, 85, 146
整髪・染髪　25
摂食障害　i, 21, 47, 60, 143-144, 152
装飾　24
痩身　i, 1, 3, 21, 24, 41, 45, 47, 49-50, 59, 63, 73, 75, 83, 85, 94, 112-113, 123, 126, 141, 143-144, 146, 153
　――願望　i, 1, 3, 10, 17, 20-21, 49, 59, 65, 73, 75, 83, 88-90, 94-97, 103, 105-106, 111, 113, 123, 125-126, 143, 148
　――希求行動　i, 1, 3, 10, 20-21,

24, 41, 45, 47, 50, 61, 67, 75-76, 87-88, 90, 96-97, 138, 141, 143, 145-146, 153
──志向　4
──の印象管理モデル　87, 91, 94-95, 100, 103, 105, 109, 123, 126, 141, 143, 148
ソシオメーター理論　31, 105

た・な
ダイエッティング　25, 41
ダイエット　i, 11, 16, 50-51, 60, 97, 148
体型　1, 3, 9, 16, 20-21, 24, 41, 46, 59, 62, 65, 88, 90, 109, 111, 113, 124-125, 141, 148, 153
　──印象管理予期　87-89, 94-96, 103, 105-106, 111, 113, 123, 125, 128, 143
　──結果予期　59, 65, 73, 86, 89
　──ネガティブ印象予期　88, 90, 95, 97, 103, 106, 112, 114, 128
　──ネガティブ結果予期　59, 62, 65, 71, 73, 89
　──不安　45
　──ポジティブ印象予期　88, 90, 96-97, 103, 106, 112, 114, 127
　──ポジティブ結果予期　59, 62, 65, 71, 73, 89
対自的機能　29, 46, 48, 63, 71, 85, 146
対他的機能　29, 46, 48, 63, 71, 83, 85, 141, 143-144, 146
第二次性徴　121, 148
タトゥー　25, 42, 45, 50-51, 152
着装　24, 45, 58, 76, 93
捏歯　31
デメリット意識　71

デメリット感　18, 88, 95
纏足　27
ネガティブ期待　44

は
瘢痕　27, 57
ピアス　43, 50-51, 152
ピアッシング　25, 58, 144
被服　24, 60
肥満　3, 11, 17, 22, 47, 59, 120, 144, 148
日焼け　27, 39, 89, 152
美容　16
美容整形　25, 42, 50-51, 112, 152-153
服装　24, 37
文化　27, 148, 153
文身　25, 57
ポジティブ期待　44
ボディイメージ　37, 65
ボディビルディング　25, 41

ま
魅力　23, 37, 44, 63, 91, 103
メリット意識　18, 43, 60, 71, 92, 124
メリット感　18, 88, 90, 95

や・ら
痩せメリット　18
装い　1, 24, 33, 37, 41, 45, 47, 49-50, 59, 62, 72-73, 75-76, 83, 87, 91, 102, 112, 123, 126, 141, 143-144, 146, 153
　──起因障害　152
　──促進機能　64, 72
　──の機能や効用　27
容姿　16, 37, 43, 109, 111, 125, 147
リップディスク　25

あとがき

　本書は，著者が2008年に東洋大学に提出した博士論文「『装い』としてのダイエットと痩身願望—印象管理の視点から—」にもとづいて執筆されたものである。ただし，博士論文における各研究は，学術雑誌等に投稿され掲載される経緯で様々な変更が加えられている。そのため，本書の内容は，それら学術論文と博士論文との混ざり合った内容となっている。また，博士論文提出後に研究をおこない公刊されたいくつかの学術論文の内容も加えられている。ご承知おきいただきたい。なお，本書籍の刊行にあたり，東洋大学の「平成28年度井上円了記念研究助成（刊行の助成）」による助成を受けた。記して感謝申し上げる。

　さて，本書はいくつかの大きな意義を持つと考えられる。この点については，ここではわざわざ再掲しないので，本文をご参照いただけたらと思う。ともあれ，本書における新たな枠組みによって得られた知見は，有益なものであると考えられる。この書籍が，今後の装いや痩身，そして印象管理の研究に，また，実社会に少しでも寄与することを願っている。

　兎にも角にも，一段落である。この書籍が公刊され，ようやく何かが肩から降りてくれたような気もする。公刊できたことをありがたく思う。

　この書籍が日の目を見るまでに，多くの方々にお世話になった。この場をかりて感謝の言葉を述べさせていただく。学位論文を作成するにあたり，ご指導いただきました東洋大学社会学部教授安藤清志先生に感謝申し上げます。様々なことを学ばせていただき，学位論文を無事作成することができました。常日頃ご指導いただきました方々，これまで研究を実施するにあたりご協力いただきました方々に感謝いたします。皆さまのおかげで，研究人生を歩み続けることができております。ナカニシヤ出版の宍倉由髙様にも本当にお世話になりました。ありがとうございました。そして，今まで出会ってきた方々に，感謝いたします。皆さまのおかげで今の私があります。やらないとなあ，という気持

ちにさせてくれる西のR氏に，さんきゅう。最後の最後ではありますが，家族の皆に心から感謝申し上げます。研究をおこない続けることができるのも，家族のおかげです。本当に，ありがとうございます。

さてさて，最後までお読みいただき，ありがとうございました。
それでは，またご縁がありましたら……。

2016年12月吉日
これからの新しい生活に思いを馳せながら

著者紹介
鈴木公啓（すずき ともひろ）
1999年　広島大学教育学部卒業
2008年　東洋大学大学院社会学研究科博士後期課程修了　博士（社会学）
現在　　東京未来大学こども心理学部講師

主著に，

鈴木公啓（2015）．体型印象管理予期と他者の新密度および性別―痩身を望む若年女性において―　実験社会心理学研究, 55, 50-59.

鈴木公啓（2015）．体型印象管理予期と痩身願望の関連における調整要因―痩身評価の有無と現実の体型―　対人社会心理学研究, 15, 7-15.

鈴木公啓（2014）．新しいシルエット図による若年女性のボディイメージと身体意識の関連についての再検討　社会心理学研究, 30, 45-56.

鈴木公啓(2013)．過度なダイエット　日本パーソナリティ心理学会（編）パーソナリティ心理学ハンドブック（第15章3節 pp.114-120）福村出版　他

痩せという身体の装い―印象管理の視点から―

2017年 2月20日　初版第1刷発行　（定価はカヴァーに表示してあります）

　　　　　　　　　　　著　者　鈴木公啓
　　　　　　　　　　　発行者　中西健夫
　　　　　　　　　　　発行所　株式会社ナカニシヤ出版
　　　　　　〒606-8161　京都市左京区一乗寺木ノ本町15番地
　　　　　　　　　　　　Telephone　075-723-0111
　　　　　　　　　　　　Facsimile　　075-723-0095
　　　　　　　　Website　http://www.nakanishiya.co.jp/
　　　　　　　　Email　　iihon-ippai@nakanishiya.co.jp
　　　　　　　　　　　　郵便振替　01030-0-13128

装幀＝白沢　正／印刷・製本＝西濃印刷株式会社
Printed in Japan.
Copyright © 2017 by T. Suzuki.
Printed in Japan.
ISBN978-4-7795-1129-5 C3011

本書のコピー，スキャン，デジタル化等の無断複製は著作権法上での例外を除き禁じられています。本書を代行業者等の第三者に依頼してスキャンやデジタル化することはたとえ個人や家庭内の利用であっても著作権法上認められておりません。